宣政（のぶまさ）
元気ですか

人質司法966日を耐え抜いた
母と息子の往復書簡

横尾友佳 編

五月書房新社

宣政　元気ですか

人質司法966日を耐え抜いた母と息子の往復書簡

横尾友佳　編

まえがき

横尾友佳

「もしかしたらオリンパスは、利益を隠してるんじゃないかな」

リビングで家族とニュースを見ていた父が、ぽつりと言った。

２０１１年秋。

マイケル・ウッドフォード氏がオリンパスの社長を解任され、オリンパスの経営陣に厳しい目が向けられ始めた頃のことだ。

父 横尾宣政（のぶまさ）が最初に懸念したのは、オリンパスの利益隠し、すなわち脱税だった。野村證券の事業法人部を経験した父は、利益隠しに対する国税庁の恐ろしさをよく知っていた。父が経営するグローバル・カンパニーにも、オリンパスの外部コンサルタント時代に国税調査が入ったことがある。国税が動くのは、隠された利益を追及する時のみである。

しかし、実際にオリンパスの経営陣が行っていたのは、損失隠し、すなわち粉飾決算だった。

当時の父は、オリンパスと袂(たもと)を分かち、電子レンジ調理のビジネスに没頭していた。自ら立ち上げたグローバル・シェフという会社を本気で1兆円企業にしようと躍起で、毎晩試食会に明け暮れていた。横浜の大型商業施設や銀座に電子レンジ調理のレストランを構えて、メディアにも紹介された。食品関連の展示会で電子レンジをずらっと並べたブースが話題となり、ブース来場者二万人という大成功をおさめたこともある。私が食物アレルギーで魚介類を食べられないため、自分で調理しなくても将来子供に魚料理を出せるようにと、また、高齢の祖母が簡単に美味しい食事を作れるようにと、父は日々奮闘していた。口を開けば電子レンジ調理の話しかしない父に、私達家族は正直辟易していた程だ。

そんな、粉飾など想像もしていなかった父も、事件関係者としてオリンパスの第三者委員会に呼ばれた。

既に矛先がグローバル・カンパニーに向けられている気配があったが、父は「自分たちの持っている資料を全て提出してきちんと話せば、みんな理解してくれるはずだ」と自信満々に出掛けて行った。

昼夜問わず自宅にマスコミが訪れ、家の周りには常に誰かが張り付くようになった。検事と弁護士は、マスコミから質問をされても絶対に答えてはいけないと父に言っていた。その忠告に素直に従っていた父は、検察の事情徴収に応じて自宅を出る際、物陰から突如現れたテレビ局の取材に驚き、「横尾さんですよね?」という質問に思わず「違います」と答えて逃げたことがある。自宅でその報道を見て「なんて格好悪いんだ」と家族で笑い合った。まだ、父が逮捕されるとは夢にも思っていなかった。

しかしマスコミの報道が過熱するうち、父に対する風向きは日増しに悪くなっていった。当時コンビニで早朝アルバイトをしていた私は、毎日、父について報じられる新聞を売っていた。「オリンパス」「指南役」「粉飾」一面にこれらの文字が大きく載らない日は無かった。売りたくないな……、そう思いながら毎朝新聞をラックに挿していた。

父はマスコミから身を隠す為、ホテルで寝泊まりするようになった。父がどういう状況なのか分からず、連絡を取ることも憚(はばか)られ、私と弟は勤務先と自宅を黙々と往復していた。私は始発で出掛けていたため幸い出勤時にマスコミに追われることはなかったが、弟はよく追いかけられていた。その代わり日中に帰宅する私は、マスコミがいなくなるタイミングを近くのカフェで待たなければならなかった。母と祖母は出来る限り家に籠り、鳴らされるインターホンを無視し続けた。家族全員が、検事と弁護士の言う通り、沈黙を貫いた。こうしていれば、そのうち騒動も落ち着き、父が無関係だということも分かって、また元の日常が戻ってくるだろうと信じていた。

２０１２年２月16日、バイト先で勤務を終えた私の携帯に、弟から電話が入った。

「親父が逮捕された」

父の無実を知っている私達家族は心底驚いた。何が起きているのか全く理解できなかった。弁護士でさえ驚いていた。テレビで父の顔と自宅が何度も映り、友人から大丈夫かと心配する電話が何本も入った。

逮捕された人は一体どうなるのか。私達は皆、逮捕と起訴の違いも分かっていなかった。弁護士から聞く話だけが頼りだった。

数日後、父が西早稲田の戸塚警察署から東京拘置所へ移送され、差し入れが出来ると弁護士から聞いた私と母は、弁護士と待ち合わせて、アルバイトが休みの土曜日に東京拘置所へ向かった。しかし東京拘置所に着いてみると門が閉まっていて中に入れない。土日祝日は拘置所の受付が休みで差し入れが出来ないと分かり、落胆した。

差し入れは叶わなかったけれども弁護士と会えた私達は、父の様子を聞いた。逮捕されてからは、身体検査で裸にされて肛門まで調べられ、まるで犯罪者のような扱いだということ、しかし祖先の葉隠魂を胸に堂々と闘う覚悟だということを話していたそうだ。

ある日、銀行口座から公共料金の引き落としが出来ないという通知が自宅に届いた。「カードが不正利用されているのではないか。警察に連絡しなければ」と大騒ぎになり、慌てて銀行に行って記帳してみると、通帳に「差押」の文字が印字されて驚いた。「警察に駆け込まなくて良かったね。恥をかくところだった」と母や弟と顔を見合わせて苦笑した。

自宅も仮差し押さえになった。

私達の暮らす戸建て住宅はエネルギー効率が悪く、水道光熱費が高い。差し押さえられている家の固定資産税を払い続けるのも馬鹿馬鹿しい。資産の無い状態で住み続けるのは大変なので、狭いアパートに引っ越すことも考えた。

しかし、引越し費用や賃貸料、飼い犬のことを考え、結局引越さずに留まることに決めた。

父がベンチャービジネスにのめり込んで数年、手がけていたどのビジネスも芽が出るまでまだ道半ばの状態だった。父達役員は会社の資金を可能な限り従業員の給与支払いに充てる為、自分達の報酬を殆ど(ほとんど)得ておらず、貯金は僅か(わずか)だった。

元々体調を崩しがちだった弟は、父の逮捕後に会社を退職した。三年前に発症したうつ病が良くなりかけていた私は、短時間のアルバイトをしながら社会復帰に向けリハビリの最中だった。私が手に職をつけて働かなければ。すぐに就職しても今の状況だとうつ病が悪化する可能性がある。また、マスコミが来て会社に迷惑がかかるかもしれない。夜に和食店でアルバイトをしながらトリマー養成専門学校に通い始めたが、半年で犬アレルギーを発症して断念した。

父はいつまで経っても保釈されなかった。弁護士以外との接見すなわち面会は一切禁止。手紙のやり取りも一切禁止。週に一回、東京拘置所へ行って一階の売店で花やお菓子を差し入れることが、家族から父にしてあげられる唯一の行為だった。

「毎週あなたの居る建物まで来て、あなたの為に花を差し入れていますよ」

これが家族からの言葉にならないメッセージだった。

私と弟の就職に関する相談や、祖母の病気に関する相談。このような家族の特別な相談がある為、どうしても会わなければならないのだという旨の上申書を幾度も書き、ようやく接見禁止の一部解除が認められたのは、2月の逮捕から実に9ヶ月も後のことだった。

裁判が始まってからは、傍聴席に座って顔を見ることが出来るようになった。父はいつも手錠と腰縄を付けられていた。もちろん会話を交わすことなど出来ない。私は毎回真っ白なスーツを着て法廷へ行った。父は潔白であると検察官・裁判官に伝えるために。あなたの潔白を知っていると父に伝えるために。そんな私達が直接交わせる唯一のコミュニケーションは、目を合わせてつなぎ合うことだけだった。

二世帯住宅で同居するもう一人の家族が父の母 横尾鈴子（すずこ）だ。2階に両親・弟・私、1階に祖母が住んでいた。

祖母は大正11年（1922年）生まれ。兵庫県飾磨（しかま）市（現在の姫路市飾磨区）出身。祖母の父はアメリカのカリフォルニア大学を卒業した貿易商。飾磨に広大な土地を所有する裕福でハイカラな家に育ち、神戸女学院時代はテニスの西日本代表選手だった。

一度会ったきりの婚約者が戦争で帰らぬ人となり、その弟である祖父定視（さだみ）と結婚して兵庫県姫路市で暮らすことになった。祖父も祖母と同じく大正11年生まれ。東京帝国大学（現在の東京大学）在学中に海軍技術士官として対潜水艦砲を研究していたが、終戦後は神戸市役所を経て神姫（しんき）自動車（現在の神姫バス）に入社。1992年に亡くなるまで社長を務めた。

祖父の母は武家の女で、非常に厳しい人だったらしい。寝る時も肌身離さず短刀を懐にしまっていて、主人に何かあればすぐさま切腹する覚悟で常にいたという。

そんな家に嫁いだ祖母は、主人に仕える妻の礼儀作法を徹底的に叩き込まれた。気難しい祖父の後ろをついて歩き、祖父の身の回りの世話を何から何まで完璧にこなした。朝は洋服からハンカチ靴下に至るまで全て祖母が用意して、出掛ける祖父に次々とタイミング良く出してやる。1日2回は部屋の掃除をして、毎夕17時に帰宅する祖父の為、夕食は毎日メイン（主菜）

だけで三品以上手作りする。祖父には家の鍵を持たせず、どんな時も必ず起きて祖父の帰りを待っていた。仕事熱心な祖父のことを心から慕っていて、祖父の話についていけるよう、経営関係の本を夜中に一人で読んで勉強を欠かさなかった。お酒は相当強かったらしいが、祖父が飲まないので人前では殆ど飲まなかった。

しかし元来明るい性質で、気が強いし図々しさもある。空気を読んだり他人の気持ちをおもんばかったりするタイプではない。その時代には珍しく身長が１６７センチあり大女と呼ばれ、非常にせっかちで、歩くのも早い。行動力があり、考えると同時に体が動いてしまう。思ったことがそのまま口に出てしまう。思い込みが激しく、一度良いと思うと極端にのめり込む。私にとってはまるで弾丸のようなおばあちゃんだった。

しかし今思うと、祖父と暮らした姫路での生活が祖母の全てだったのかもしれない。

祖父が亡くなった後、父が東京に呼び寄せて私達と一緒に暮らすようになったが、結局東京では友達を一人も作らなかった。

家族以外に生きがいが無いのだ。趣味もなく、遊びに出かけることも殆ど無い。近所の人がデイサービスに誘ってくれても断り、毎日朝から晩まで姫路の親戚や友人と電話し、手紙を書いていた。テレビの前のソファが祖母の定位置で、誰かと話す時以外は常に大音量でテレビが点いていた。

いとこの結婚式にて。左から弟 俊哉、祖母 鈴子、私、父 宣政。

横尾家家系図

和美
鈴子
定視
友海
ひとみ
宣政
昭信
紀子
俊哉
友佳
健
龍

毎日父は仕事へ出掛ける前に1階で祖母と数十分、話をした。父の話は電子レンジ調理ビジネスの事ばかり。前日の試食会や新たなメニューについて、祖母は飽きもせずに話を聞いていた。祖母の話は持病のパーキンソン病のことばかり。お互いに毎日同じ話ばかりで、端から聞いているとあまり噛み合っていないようにも思えたが、本人達はそれで満足だったようだ。時には喧嘩もするが、とにかく仲の良い親子である。

父の弁護を請け負ったのは、東京第一法律事務所の代表 内野経一郎先生（大先生）と、その四男 内野令四朗先生（内野先生）だ。その他に同法律事務所の田渕先生という女性弁護士が担当についた。

内野先生と田渕先生は数日に一度、接見のため東京拘置所の父の元を訪れてくれた。

裁判の打ち合わせの際、弁護士はパソコンを使用することが可能だ。内野先生は手紙も面会も禁じられている私達の為、父が家族へ宛てたメッセージをパソコンに入力し、それを家族に電話で伝えてくれた。母へは差入れや宅下げなどの事務的な連絡と感謝の言葉、祖母へは現状の説明や励ましの言葉が多かった。

そのメッセージを聞いて、祖母は父へのメッセージをしたためた手紙を内野先生の事務所に郵送するようになった。父はそれに対する返答を口頭で内野先生へ伝えたり、前もって書いておいた手紙をガラス越しに見せたりして、それを内野先生がパソコンに入力し、また祖母に電話で伝える。

こうして父と祖母の、966日（約2年8ヶ月）に及ぶ長い手紙のやり取りが始まった。

目次

【凡　例】

祖母と父の往復書簡の総数は残っているものだけで２００通を超えますが、紙幅の都合で全部は載せられませんでした。

また、逮捕後1年間の父の手紙は手元にないため、その間については手紙の代わりに弁護士接見記録の一部を転載しました。

さらに、本来直筆の手紙という性質を考慮して、「必づ」「考へる」などの仮名遣いや用字用語の不統一は、あえて修正せずそのままにしてあります。

装幀／今東淳雄
組版・編集／片岡　力

2012年❖宣政 元気ですか

姫路の県営住宅屋上にて。
手前が幼少期の父宣政。奥が祖母鈴子。

5月17日——母もがんばっております

お元気の事と存じます。母の日にひとみさんと友佳・俊哉で私を焼肉に御馳走してくれました。久しぶりでしたが様々な思いで一杯でした。

先日、お父さんの姪の芳子さんと東北大教授の方に嫁いでいるはるみさんがはげましに来てくれました。ご近所の方も暖かい心で接して下さり嬉しいです。

日々苦しい事が多いと思いますが、がんばってのり切りましょう。母もがんばっております。二十一日の新月の日は一日中願いをこめて祈って下さい。* 私達家族も宣政のため心から勝利を祈っております。二十二日は宣政の誕生日です。幸せを心から祈っております。又お便りします。

*新月の日〜祈って下さい　祖母は父の逮捕後、「新月にお祈りすると願いが叶う」というおまじないを、友人から教わった。それを信じて毎月熱心に実践するようになった。

5月20日——親のほこりです

前略

庭の花だんに、ひとみさんが美しい花をたくさん咲かせてくれました。姫路の神姫(しんき)*の方も皆とても心配して下さっているようです。

勝利の日まで皆で心をこめて祈っています。清廉潔白の身となって帰って来て下さい。

宣政は昔から非常に正直でした。悪い事をした時は必づあやまるが、何もしてない時は上級生とでも、ものすごいけんかをした事がありましたね。

宣政はとても正直な子である事は親のほこりです。むづかしかった横尾の祖母が、小さい宣政を可愛がって下さった事を思い出しました。

先日友佳が宣政にとどけた赤い花の鉢を私も頂きました。やさしい孫です。

又お便りします。身体はくれぐれもお大切にして下さい。私共は宣政のため心こめて祈っています。がんばって下さいね。

＊姫路の神姫　神姫バスのこと。祖父が１９７９〜92年に社長を務めた兵庫県のバス会社。祖父の死後も役員の方々が様子伺いでよく祖母に電話してくれていた。

5月24日　何か良い事があるように思えて

お元気の事と存じます。月日ばかりたちますね。今年始め、すごく風雨の強い日でしたが宣政が夜、外出するので、タクシー代と思って五千円渡そうとしたけれど、いらぬといって出て行きました。その後玄関に入って手をみたら五千円札がなくなって居りました。風で吹きとばされたと思い、とても気が落ち込んでしまいました。

久しぶりに先日、ゴキブリの薬をおこうと玄関のスリッパ台をのけたら、五千円札が出て来たのです。びっくりするやら嬉しいやら…　何か良い事があるように思え、とても嬉しく思いました。二十一日の新月に願いをこめて祈られたと思います。毎月一回あるので六月に入ったら又知らせます。俊哉が二十一日に山梨へ行き信玄餅を土産に買って来てくれました。「元気で頑張りなさい」とやさしくいってくれ涙があふれました。苦しくつらいけれど幸せでもあること感謝しております。又お便りします。一日も早く帰ってこられますよう心をこめて祈っています。

五月二十三日*

*五月二十三日　手紙の末尾に書かれている日付は手紙が書かれた日付、項目にある日付は、弁護士が手紙を受け取った日付。また、接見・電話で弁護士から手紙の内容を伝えられるタイミングにもタイムラグがある為、お互いのやり取りにズレが生じていることもある。以下同様。

5月26日　待つ事は長いけれど

内野先生から何時もお電話頂き宣政の様子を、きかせて頂くのが何よりのよろこびです。少しづつ良い方へ向っていると信じております。気温の変化がありますが、身体に十分気をつけ大事にして下さい。

先日、龍が子供をつれて来てくれました。奥さんも大変暖かい良い方で心なごむ一時をすごしました。一年で、もうしっかりと歩いていました。少し人見知りするようですが、とても可愛く嬉しかったです。

待つ事は長いけれど、過ぎれば早いと思います。皆で心を合せのり切りましょうね。

ひとみさんが心暖かく接してくれる事は、とても嬉しく、今日は何時ものように豆腐屋さん*のくる日で、ひとみさんから頂き夕食に食しました。

とりとめのない事御判読下さい。広く強い心を持ってのり切って下さい。では又お便りします。乱筆乱文おゆるし下さい。

五月二十五日

*豆腐屋さん　毎週家の前を通るリヤカー引き売りの豆腐屋。母が常連だった。

5月28日　お父さんの座右の銘

お元気ですか。如何してるかと何時も案じております。

先日、龍一家が来てくれましたが、二十六日に健一家が来てくれました。上の娘は保育園、下の娘は六月に満一才です。女の子は可愛いいですね。なごやかな一時を過す事が出来ました。

七月に昭信夫婦が息子二人の三家族で佐賀*へ行ってくれるそうです。病気の前は東京から佐賀へ日帰りしておりました事を思いパーキンソン*になってから何年も墓参りしておりませんので一度是非つれて行って頂きたく思います。

お父さんの座右の銘『忠恕（ちゅうじょ）』*を書かれた「ダントータイル」*が出てきましたので写真*の横へおきました。非常にきびしい人でしたが心の中は何時もやさしさあふれた人でした。何時もとりとめなく書いております。勝利の日を信じがんばりましょう。身体お大事にと祈ります。

五月二十七日

＊佐賀　祖父定視の故郷。祖父は佐賀高等学校を卒業するまで住んでいた。今も佐賀市内の寺に横尾家の墓がある。**＊パーキンソン（病）**　手が震えたり歩行が難しくなったりする神経変性疾患。２００８年頃から症状が出始めた。病院の先生方いわく、祖母の思い込みによるところも大きかったらしいが、祖母は年々歩けなくなっていった。**＊忠恕**　誠実で深い思いやりがあること。祖父が好きだった言葉。**＊ダントータイル**　祖父が書いた字をタイルに焼き付けたもの。**＊写真**　祖父の遺影。祖母が寝室にいつも飾っている。

6月1日　家族皆一致団結して

手紙を書かねば落つかず、とりとめない事ばかりですみません。

一昨日は友佳の女友達数人が夜来られ一泊されました。若い人達はとても明るく活気があり、しばらくお話しさせて頂きました

内野先生へ、私は時かまわずお電話いたしますのに、何時もやさしくお話し下さいます。嬉しく感謝のみです。

先日宣政の誕生日の二十二日に東京スカイツリーが開業しました。何か胸一杯でテレビをみました。

今日は芦屋の従姉妹が何時ものように心配してデンワをかけてくれました。皆本当にやさしく気づかって下さるのは嬉しいです。私が上京した十年前は従姉妹も私も元気で、私が芦屋へ行ったり従姉妹が上京したりと、楽しい時を過ごした事を思い出し話し合っております。そういう話が出来る事は幸せかも知れませんね。私自身しっかりせねばと思います。勝利の日を念じて日々過しております。家族皆一致団結してがんばっています。お身お大事にして下さい。

五月三十一日

6月4日　満九十才となる身

六月に入りました。ずい分長く会ってないですね。あせっては、いけないと思い乍らやはり早く会いたいです。皆様方が私の身体を気づかっているんなサプリメントや、様々のものを送って下さいます。嬉しいのですが、余りのみ合せてもと思い迷います。

六月二十二日は満九十才となる身ですので、おとろえて自然と思いますが、自分自身もう少し、しっかり歩けたらと思います。パーキンソンではね…

土曜日の新聞はいろんなパズルがのっているので楽しみです。考へているとしばらく苦しい事が忘れられます。

とりとめなくすみません。御身御大事にして何としても勝利へ向けがんばって下さい。皆で祈っております。御身御大切にと祈っております。

6月6日　たまらなく涙が

宣政の事を考へると、たまらなく涙があふれますが、気を強く持って生きねばと思っています。必ず勝利する事を信じております。

お父さんが昔、新しくつくられていた「ホープ*」という会社がとても大きく立派になっているようで先日社報を送ってくれました。お父さんの先見のメイと思います。

先日、私は腕に湿疹が出来、困っていたのですが宣政の会社の除菌BV4*をぬってみたらきれいに治りました。とても嬉しく感謝しております。こんなに良くきくパーキンソンの薬が出来ればよいのですがね。

一日も早く会へる日の来る事と勝利を祈っております。御身御大切にして下さい。

六月五日

＊ホープ　神姫バスのグループ会社。

＊除菌BV4　父が開発・拡販に力を入れていた商材の一つ。食品添加物のみで作られた、ノンアルコール・次亜塩素酸不使用の除菌剤。アメリカの非常に厳しい分析法（AOAC）において、効果・安全性とも実証済み。ウイルス・細菌・カビに幅広く効果があり、なおかつ人体・動物に無害で物を傷める心配もない。

6月9日　宣政が帰ってくるまでは

お元気ですか。今日は好天気で暑くなりそうです。私は歩行が良くなくて気をつけぬと少しあぶないと感じます。宣政はどうしているかと、考へるとたまらなくなりますので、出来るだけ考へぬようにと思っていますが、やはり会いたいです。胸が一杯になります。

近くのみづほ(ママ)銀行で宝くじを売っていますが、通ると誰か何時も買っておられます。買わねば当らぬからと思いますが、勇気がなく、横目でみて通りすぎます。

ひとみさんが植えた鉢うえのあじさいが満開で美しいです。毎日食事の用意*も、だん〳〵とつらくなってきましたが、何としても宣政が帰ってくるまではと、がんばっておりますよ。宣政も、どんなにつらくとも勝利の日まで、がんばって下さいね。

昔、皆で佐賀へ帰ったついでに、一度沖縄へ行った事がありましたね。テレビで沖縄の事が出ると思い出しております。私は何とかパーキンソンが少しでも良くなる方法がないかと思い、すすめられるものは、何でも、ためしておりますが、なか〳〵大変です。でも何とか自分の事がボツ〳〵出来ているのは有難い事と思います。一日も早く勝利し内野先生共々よろこびの日の来る事を心から祈っております。御自愛下さい。

六月七日

＊食事の用意　二世帯住宅で別々に生活している祖母に、食事を一緒にしようと母は度々提案した。しかし祖母は、パーキンソン病の為には動いていた方が良いと固辞し、身の回りのことをなるべく自分で行っていた。

6月12日　手をつないでもらって

元気にしてますか。宣政の事がひと時も頭から離れません。内野先生のお力で、一時も早く裁判に勝ち、会える事を祈っています。

歩く事をもう少し努力せねばと思うのですが、九十才となると大変です。努力せねば増々歩けなくなると思いますが、これから暑くなるし大変ですが、がんばります。

学生時代テニスの選手だった事を思い出し、戦時中で、東京大会出場*が中止でくやしかった事など思い出します。

一日も早く宣政に手をつないでもらって歩けたら嬉しいです。出来るだけ良い事を考へて前向きにがんばります。又お便りします。

六月十日

＊**東京大会出場**　明治神宮競技大会。現在の国民体育大会（国体）の前身。祖母は軟式テニスの西日本代表選手として、東日本代表選手と対戦する予定だったが、太平洋戦争により中止となった。同時に、予定されていたアメリカ留学も中止となった。

6月14日　きっと真心は通じる

元気にがんばっていますか？　梅雨入りしてから鬱陶しい天気がつづいております。

今月の新月をお知らせします。六月二十日の朝という事なので、目が覚めたら六時でもよろしいから心をこめて心願を祈って下さい。私共も一生けん命お願いたします。きっと真心は通じると思います。私はおち込みそうになりますが、絶対に負けないという強い心を持ってがんばっております。

宣政は本当につらい事と思いますが、がんばって下さいね。母のため、家族のため、がんばって下さいよ。皆で力を合せがんばりましょうね。内野先生からデンワで宣政が元気でがんばっているとお聞きするとほっといたします。では又お便りします。　六月十二日

6月15日　お父さんは宣政には特別の思いがあった

お元気ですか。何時も心配しています。

昨日ふとお父さんが重症の肺結核になられた時の事を思い出しました。宣政が生れて五ヶ月位の時だったので、それは大変でした。中田先生という立派な先生に出会えた事は幸運でした。先生は、自分の病院へ入院させず自宅療養をすすめられ、お父さん一人在宅し、家族三人は私の実家へ行き、私が一日三回お父さんの所へ通って、食事その他のお世話をするという事でした。食事が大変で、毎日、ステーキ、牛乳、卵、バター、野菜といった食事をする。何も考へず、唯ひたすら安静の生活で新聞などよむ事、入浴、爪切り、髪切り一切禁止。考へる事もいけないとの事でした。一年近くこのような生活がつづきました。言うのはやさしいですが、なかなか実行は大変だったと思います。唯、安静でした。その

間中田先生が通って下さって治療して下さいました。とても助からないと思っていましたが、完全に治り、後で、中田先生は学会で発表されたとの事です。当時結核は不治の病といわれていました。お父さんだからのりこえられたと思います。少し病気が良くなった時、宣政をみせにつれて行き、窓ごしにお父さんにあなたをみてもらった事思い出します。

お父さんは宣政には特別の思いがあったと思いますよ。どんな困難もきっとのりこえられると信じております。苦しいけど、たえねばならぬ時もあります。心をしっかり持って自分の正しい道をすすんで下さい。今日は少しくらい話しになりました。すみません。九十才の母はがんばっています。安心して下さい。では又お便りします。

六月十四日

6月19日 ｜ 宣政は宣政らしく

宣政お元気ですか。私共がんばっています。九十才の母ががんばっております。宣政は宣政らしく、がんばって下さいね。

新聞で「冤罪を防ごう市民集会」という記事がのっていました。胸がいたくなりました。正しい事が通る世の中であってほしいと、つくづく思います。

本当に苦しいと思いますし、はらだたしくなる事があると思いますが、がんばって下さい。

大先生は宣政の事とても頭の良い立派な人とほめて下さっておられましたよ。時間はかかると思いますが、心を強くもって下さいね。今四郎先生が私共の写真をとって下さったので見て下さい。力を合せて、がんばりましょう。では又お便りします。乱筆乱文おゆるし下さい。

六月十七日

6月23日　月日の経つのがおそい

月日の経つのがおそいですね。毎日、如何して過ごしているのかと思うと、胸が一杯になりますが、思い返し、どんな事があってもがんばらねばと、自分に言いきかせております。

この間、NHKで姫路城の事が出ました。やはりなつかしいですね。外へ出て、はじめて姫路城の立派さがよくわかりました。

気分のめいる事が多いと思いますが、辛抱第一です。修行をしていると思ってがんばって下さいよ。

九十才の私は、宣政のため、がんばっています。昨日は新月に、心をこめて祈りました。

貴方が帰ってくるまでに、少しでも元気に歩けるようがんばります。では又お便りします。

六月二十一日

6月25日　誕生日祝いの言葉を頂き

宣政元気にしておりますか。二十二日に内野先生よりお電話を頂き、宣政よりの誕生祝いの言葉頂きました。有難う。大分元気になっているとの事きき安心しました。くよくよ考へても仕方ありません。前をむいて勝利に向って皆でがんばりましょう。宣政らしく堂々とがんばって下さい。

長くお父さんの運転手さんをつとめて下さった石戸さんから誕生祝のデンワを頂き、その時宣政の事心配下さっていました。たくさんの方々が今でも忘れず気づかって頂く事は、本当に幸せです。二十年以上もたっているのにと胸がつまります。

二十二日夜おそく友海がバースデーケーキを持って来てくれました。先日祝ってもらったのに、やはり当日もとの事で、重ね重ねの親切とても嬉しく感謝です。

宣政の上司だった後藤様が、今年もサクランボを送って下さいましたよ。心配して下さっていると思います。皆様の暖かいお心につつまれている事に対しても、どうか、がんばって下さい。

私はパーキンソンのせいと思いますが、前のような字が書けず、よみづらいと思いますがおゆるし下さい。又お便りします。元気でいて下さいよ。

二十三日

6月28日 私の隣は何時も宣政が

お元気ですか。宣政の事が何時も頭にうかんでおります。

辛抱するという事は、言うは易しですが実際となると、なかなか大変な事ですね。私は九十才を過ぎ、急に身体のおとろえを大きく感じておりますが何としても宣政が元気で帰ってくるまでは元気でがんばりますから、安心して下さい。宣政も家族のため何としても元気でがんばって下さいよ。この度の事で宣政は人間が大きくなると思います。

二十四日（日曜日）に、おそくなったけれどと、私の誕生祝いに、宣政がよくつれて行ってくれていた早稲田のレストランへ行きました。私のとなりは何時も宣政がすわっていたのにと思うと胸一杯でしたが、俊哉がいてくれていろいろ話しをして、ひととき楽しく過しました。宣政と五人で行ける日を信じています。

この間、宝くじを近くのみづほで千円分買ってみましたが、百円が当っただけでした。沢山当ったら内野先生へと思っていましたが…思い出した時に買ってみます。皆から笑われそうですね。家族のため、がんばって下さい。勝利を信じております。　六月二十七日

7月2日　甘いものはひかえて下さい

宣政元気ですか。

内野先生がお電話下さいました。嬉しいです。皮膚のトラブル*があるとか、ひとみさんからききました。心配しています。

裁判の反撃の良き資料が、沢山内野先生のもとへ入ってくるようにと新月の神様にお祈りしております。又、宣政も裁判で勝利へのすばらしい答弁が出来るよう勝利を祈っており

ます。
宣政は以前血糖値が高いといわれていましたが、運動量が少いのですから甘いものはひかえて下さい。出来るだけ水分は十分とるようにして下さいね。寒い時も大変ですが、そういうところの夏は大変と思います。皆でがんばりましょう。

六月二十九日

＊皮膚のトラブル　人工畳に擦れて、膝がボロボロになっていた。

7月2日＝接見記録より

やっぱりまだ寒い。空気が動いている。外の空気が入ってくる。

昨日はとてもきつかった。朝起きると吐き気がして、耐えられなかった。
他の人はどのように過ごしているのか。

お母さんは週に2、3回手紙をくれているけど、また手紙をください。
お菓子もありがたいけど、花も続いていたのが、なくなってしまった。
花がなくなると急に寂しくなる。

お母さんには絶対に元気でいてほしい。これで本当に自由になれたら、パーキンソンだとかいやがらないで、旅行に行きたい。

占い*だと今年の節分から絶好調の筈だったのに、その頃に逮捕されてしまった。

長い将来からみれば、こういうこともいい機会だった、と思える日がくるかもしれない。

*占い　新月のおまじないを教えてくれた祖母の友人が趣味で占いをしている為、父の運勢を占ってくれていた。

7月5日　必ず、願いは届くと信じて

今日内野先生がお電話下さいまして、宣政が元気の由承り安心いたしました。一生けん命内野先生がとりくんで下さっている事、本当に有難く感謝の心で一杯です。家族に対しても、お心づかい頂いて嬉しいです。

七月の新月は十九日昼ごろとの事です。心こめてお願いしましょうね。必づ、願いは届くと信じております。

今夜友佳の友達が来られるそうです。何時もの暗さが一度に明るくなるのは嬉しいです。明るいとそれは幸せにつながると思います。勝利に向ってがんばりましょう。元気でいて下さいよ。

七月三日

7月7日　宣政にも良い事がありますように

宣政元気ですか。どうしているかと何時もその事で頭が一杯です。昨日、友佳の友達六人が来られました。若いという事は良い事ですね。家中が一度に明るくなります。友佳の人柄でしょうね。とても良い事と思います。

今日は歩行が良くスムーズに一日が過ごせました。どうかこの状態がつづけばと願います。

宣政にも良い事がありますようにと祈ります。

最近、パーキンソンの事をテレビでよく見かけるようになりました。自分の事なので、尚、目に入るのかとも思います。精神的からの病気との事で出来るだけ明るくほがらかにと心がけておりますが、現状では、むづかしいです。

コードレスの電話器の調子が悪いのですが、最近は、自分で買って来て、つけかえるとの事。和美さんは電球一ケとりかえるのも近くのデンキ屋さんがすぐ来てくれるそうで、田舎は、その点良いです。何時も何時も宣政にたのめば出来ていた事を思い出しております。

一日も早く普通の生活が出来る事を祈ります。

十九日の新月の日、忘れず心こめて祈って下さい。勝利の日まで、がんばりましょう。元気でいて下さいね。

横になっていると胸が苦しいので、起き上がっている方が楽。
あんまり前に進んでいる感覚を持てないから、不安感があるのだろうと思う。

人生がこんなに苦しくなるとは。
金商法、詐欺、オリンパスと群栄からの訴え、全てが迫ってくる。
どうしようもない気持ちだ。

なぜここにいるのか。
いっそのこと、狂ってしまいたい。
羽田、小野*に迷惑を掛けないように、狂う前に自分の考えを残したい。

今だったら、腹だっていつでも切れる。
それより、ここに長くいろと言われる方がきつい。
横尾家は、血の気は多い*けど、忍耐力が弱いんだろうか。
そこをちょっと修行せいってことなのかもしれない。

＊羽田、小野　父と共に粉飾指南役として逮捕された、グローバル・カンパニー同僚の

羽田拓さんと小野裕史さん。二人とも検察の取調べで「横尾がやったと自供すればすぐに保釈してやる」と言われ続けたが、「やっていない事をやったとは言えない」と否認し、父と同じく東京拘置所に長期勾留された。勾留期間は羽田さんが966日、小野さんが831日。部下が上司を売らずに3人とも一緒に勾留され続けるのは初めて見たと、刑務官達も非常に驚いていた。　**＊血の気は多い**　佐賀の乱の際、父の祖母の一族が一日で26人自決したことを言っている。

7月10日　パーキンソンになってから

宣政元気ですか。あせってはいけないと思うのですが、やはり早く会いたい気持で一杯です。昭信は子供・孫達と三家族で佐賀へ行ってくれるそうです。感謝しております。孫が小さいので大変と思います。どうか天気であるよう祈っております。私はずい分長く佐賀へ帰っておりません。パーキンソンになってからです。宣政が勝利して一家で佐賀へ帰れる日のくる事を祈っております。

夕方、友佳が〝おばあちゃん元気ですか〟とたづねてくれました。本当にやさしい娘です。今日は歩行が余りよくなく、気分もおちこんでおりましたのでよけい嬉しく思いました。時間がくると歩行が悪く、*何時も時間ばかり気にする生活で、もう少しゆとりのある気分になりたいです。内野先生始め皆様への感謝を忘れず強い心で宣政らしくがんばって下さい。乱筆ゆるして下さい。

七月八日

＊時間がくると歩行が悪く　薬の効き目が切れてくる夕方以降は上手く歩けなくなると思い、祖母はいつも時間を気にしていた。

7月10日‖接見記録より

右手が腱鞘炎で痛い。
午後9時に布団*に入って、ずいぶん寝ている。
夢は、どれも追い詰められた気持ちになるものばかり
今日は起きた瞬間は楽だったけれど、そのあと結構辛かった。
入ったばかりの時は夕方が辛かったのに、不思議だ。

去年の11月くらいから、解けない数学の問題を8ヶ月考えているような感じ。

ところが、それ以外のことを考えると、気持ちがぶれる。

いま、頭の持って行き場所が違ってしまっているように思う。

話していると楽だが、1人になると苦しくなってくる。

運動も気分転換にならない。

夕方や土日になると他の部屋からラジオが聴こえてくるけれど、日常生活を思い出したくないので、聴かないようにしている。

＊午後9時に布団　拘置所内の一日のスケジュールは朝7時半頃起床、8時朝食、12時昼食、16時夕食、夜21時消灯。未決勾留の場合、検察の取調べ以外は終日部屋に居る。部屋には時計が無い為、体内時計が頼り。

7月12日　思い切り笑ってみようかと

宣政元気にしておりますか。何時も健康の事を心配しております。気持をしっかり持って下さいよ。時々夢ではないかと思う事があります。

昨日テレビで笑う事の大切さを放送しておりました。一日一度大笑いをする事が健康の元との事。パーキンソンには良い健康法と思います。楽天的な人は、こんな病気には、ならぬと思います。私も心を入れかえて思い切り笑ってみようかと思います。「笑う門には福来たる」という言葉があります。本当と思います。宣政も出来るだけ前をむいて明るい事を考へて下さい。内野先生が必づ助けて下さいます。家族力を合せがんばりましょう。元気でいて下さいね。

七月十日

7月13日　扇子など、さし入れ出来ないのでしょうか

宣政元気にしておりますか。会いたいです。宣政の事ばかり考へて一日過ごしております。

内野先生からお電話を頂きますと、その日一日元気に過ごしております。今日は朝から雨が降り心も少し滅入っております。宣政が新しく買ってくれた寝室の蛍光灯見る度に思い出します。たのめばすぐととのえてくれた事を思い出しております。梅雨が上がれば真夏となり買物が大変になります。満九十才をすぎて急に体力がおとろえた感じです。出来るだけ心を明るく一日一回大笑いを目標にがんばっております。

七月の新月は十九日です。心をこめて心願を祈って下さい。必ず助けて下さいます。私達も皆で祈っております。宣政はお父さんの息子です。どんな苦難もまけない強い心を持って下さい。皆で力を合せのり切りましょう。よろこび合える日が一日も早く、くる事を祈ります。宣政が青天白日の身となり帰って来た時は、私は歩行がきっと良くなるという気がしております。

今日昼食は、おうどんにしました。大きいどんぶり鉢は、私が上京した時宣政と行った百貨店で求めたものでお気に入りの鉢です。一つ一つ宣政との思い出が多いものばかりです。時に白い車が通ると、ふと宣政が帰ってきたのかと思う事があります。

上京して十二年となり様々な事がありましたが、上京してよかったと思っております。ひとみさん、孫達と一体感が出来、ひとみさんを自分の娘のように思える事は、娘をもたぬ私には幸せな事です。元気でがんばって下さい。私には大切な大切な〳〵息子です。せまい所で暑い事と思います。扇子など、さし入れ出来ないのでしょうか。九十才の老母ががんばっております。宣政も強い心を持ってのり切って下さい。

七月十二日

7月17日　接見記録より

腱鞘炎は相当ひどくなっている。
食器を洗えない、歯を磨けないことも。
1日1日遅いようで、過ぎてみると早い。
自分はいったい何をやったことになっているんだろう、と思う。
みんなが僕に相談したと言っているけれど、
何を相談されたんだろう、何をやったんだろうという思いが強い。
何と戦っているのか、自分でも分からなくなる。

お母さん、いつも手紙をありがとう。毎日お天道様に向かって祈っています。

7月18日　宣政なら出来ます

宣政元気ですか。健康の事が気になります。朝日新聞に「惣菜ビジネスの活況」の見出しでサラダパックづめ、トンカツ弁当、シチュウ、ハンバーグ弁当など身近なものばかりで働く主婦、老人が増加し利用が大変ふえ或る会社の年商の七億円の六割が惣菜との事です。

宣政は目のつけたところは正しかったと思いますが高級すぎたと思います。宣政は何事も完璧主義な人間で良いのですが、時と場合によって大変じゃまになる事もあります。

お父さんは一度兵庫県からたのまれ神戸に新しく出来たパークのような所にレストランを出されたが、二ヶ月でこれは駄目と思はれ退去されました。県の思った程人が集まらづ、他の店もやめたい人が多く出たが、県はその後許可してくれず、困った店が多かったようです。バスのワンマンカー*も、最初お父さんが三菱自工に提案し、お父さんと三菱でバスのワンマンカーをつくられました。特許をとられずその後全般に広がったようです。お父さんは人の意見をよくきく人で、会社でも、言いたい事をポスト*（会社の）に入れてそれを大切にしておられました。

一日も早く全面勝利し新しく人生を出直したら良いと思います。宣政なら出来ます。今は辛抱の時、裁判に勝つ事だけを考へて下さい。「禍転じて福となす」といいます。健康第一を考へがんばって下さい。十九日の新月、忘れず願をこめて下さい。

七月十六日

＊バスのワンマンカー　当時のバス会社は運転手による釣り銭横領、いわゆるネコババに悩まされているところが多かった。神姫バスも売上の約一割が被害に遭っていた為、祖父は自動両替機・整理券方式・ワンマンカーを開発して特許を取得した。その上で「苦しんでいる同業者から特許収入を得てはならない」と言って、特許を即日開放した。　**＊ポスト**　会社の目安箱。

7月19日‖接見記録より

部屋の中の木枠に、水がたまっていた。

それで畳を上げてもらったら、下は完全にコンクリートだった。

しかも、たまっていた水の正体は、自分の汗だった。

布団も冬布団のまま変わらないから、かけていると汗をかくが、そのうち汗が冷えて寒くなり、めちゃくちゃな状態である。


お風呂の時も、腱鞘炎が痛くて苦労している。

食器も痛くて洗えない。昼と夜は自分で買ったお弁当*だからいいが。

今日で154日目ですが、中に入って腱鞘炎になるとは思わなかった。

＊お弁当　未決勾留の場合、拘置所内で弁当・菓子等を購入することが可能。

7月23日｜お父さんのように世の為人の為に

宣政元気にがんばっておりますか。一日がとても長く感じられますね。昨日内野先生がお電話下さって、元気の由、安心しました。十九日は願いをこめて祈った由、きっと神様はきちんとどけて下さったと思います。

昭信一家が佐賀へ行った十四日、十五日は、とてもすごい雨で心配しましたが昭信達は雨に殆んどあわず帰って来たとの事、きっと守って下さったと思いました。私達も一日も早く皆で佐賀へ帰りたいですね。

宣政は、今はくるしくつらい日々と思いますが。くじけないで下さい。宣政をまっている家族のためがんばって下さい。お父さんのように世の為人の為になれる人間です。いろんな発想の出来る宣政に今神様が与へて下さる試練の時と思ってがんばって下さい。つらいけれど、たえぬいて下さいね。字が思うように書けずよみづらいと思います。おゆるし下さい。

七月二十一日

7月26日 どうしても夜になると

宣政元気にしておりますか。梅雨明けと共に暑い日がつづいております。何時も宣政の事ばかり考へて過しております。どうしても夜になると、たまらなくなり涙してしまう事が多くなりました。一日が長くつらいですね。宣政の事を思いがんばっております。

今日ひさしぶりにスーパーへ行きました。とても持って帰れぬので宅配便をたのみました。無理と思っても出来るだけやってみる事にしております。そうでないと、何も出来なくなりそうですから…

コンビニなど入った事がなかった私ですが歩行のむつかしい私には近くにあるのがとても大助かりしております。毎日の牛乳、ヨーグルトなどたすかります。又道路を渡ったところに小さい肉屋・魚屋・八百屋があるのも大助かりしております。今は殆んどそこでまかなっております。宣政はつらく大変な日々と思いますが辛抱第一がんばって下さいね。羽田さん小野さんと共に一日も早く元気に帰ってくる事を心から祈っています。そして内野先生と共に思い切りよろこびあえる日が一日も早い事を心から祈っています。身体にくれぐれも気をつけて下さい。

七月二十四日

7月30日 ふと帰ってくるような思いに

一昨日内野先生より、お電話で宣政が元気の由承り安心しました。一日も早く会いたいですね。最近ふと帰ってくるような思いにかられる事があります。長く会っていませんものね。足が出にくくなりました。毎日三十五度以上の暑さがつゞいておりますので外出は無理です。家の中だけでもと思い歩くよう心がけております。

今、姫路の親友の明石さんからデンワで、昨日神社へおまいりし、くじ（二人分の）を引いたところ、私の方が〝吉〟と出たといってよろこんでデンワしてくれました。とても嬉しくきっと何かよい事があると信じます。健康に気をつけて水分も十分とって下さい。くるしい時ですが家族の為がんばって下さい。

七月二十七日

7月31日　生きている間にもう一度

宣政元気ですか。毎日猛暑がつゞいておりますが、不自由な中で大変と思います。二十八日からイギリスでオリンピックが開催され新聞テレビはオリンピック一色です。今日和美さんにたのまれた用事で久しぶりに高場さんにデンワしましたら高場さんから「奥さんらしく、しっかりがんばって下さい」とはげまされました。今も変らずお父さんを尊敬し思ってくれる人です。私が一人になって姫路に居た十年間、夫婦でよくしてくれました。田中さん、高嶋さん、矢部さん、逢莱さん、豊田さん、倉田さん、川崎さんなど、数えきれぬ人々に暖かく接して頂けた事は、お父さんのおかげと思っております。皆宣政の事を心配してくれていると思います。一日も早く青天白日の身となり、皆に安心して頂きたいと思っております。私は姫路の事を思うとなつかしく心暖まる思いで一杯になります。出来れば生きている間にもう一度姫路で皆に集って頂けるような会がもてれば嬉しいのですが…

今は本当につらい時と思います。身体には十分気をつけて下さい。

八月の新月は八月十七日夜との事です。心をこめて祈って下さい。字が思うように書けづ、よみづらい事と思います。おゆるし下さい。

七月三十日

8月1日　接見記録より

お母さん、手紙を毎週何回もありがとう。

ひとみが言っているように、軽くエアコンをつけてほしい。

暑さで腎臓をやられたら困るから。

8月17日の新月は了解しました。


今日初めてトイレを掃除した。

やっぱりきれいになると気持ちいい。

8月3日　買物用の手おし車を買ってみようと

宣政元気にしておりますか。猛暑がつゞいております。

最近食事作りが大変になってきました。以前、宣政の会社*よりとどけてもらっていたデンシレンジ用の食事*がなつかしく思い出されます。当時の容器は今も大変重宝しております。

使う度に宣政の事を思い胸が一杯になります。先日姫路の友人が玄関でころんでしばらく入院していたとデンワをかけてきました。幸い骨折がなく幸運だったとよろこんでおりましたが。他人事ではありません。最近歩行がよくないので、心配です。買物用の手おし車を買ってみようと思っております。巣鴨にあるとの事なので、紀子さんにたのんでみます。何事も人様の世話にならねばならぬようになりました。十年前は佐賀まで新幹線で日帰りしていた事が夢のようです。
一日も早くすべての裁判に勝利し元気に帰ってくる事を心から祈っています。会いたいと思うと胸が一杯になり涙してしまいますが、もっと強くと自分をはげまし乍らがんばっております。室内でも熱中症になるとの事です。宣政の言うようにクーラーは使う事にしましたから安心して下さい。内野先生の御努力で一日も早く帰ってくる事を祈っております。

八月二日

＊宣政の会社　父の経営していたグローバル・シェフという電子レンジ調理の会社。オリンパス子会社のNEWSから２００６年に独立。　**＊デンシレンジ用の食事**　横浜の店舗で提供していた料理（カット済の生食材とタレのセットをオリジナルの専用容器に入れたもの。電子レンジで加熱するだけで調理が完了する）を自宅に届けてもらっていた。横浜店は常時３５０種類のメニューを取り揃え、調理人二人が5分以内に本格的な料理を提供していた。

8月7日　家族に迷惑をかけぬ生活が何時まで

宣政むし暑い中、どうしているかと思うと胸が一杯になります。

宣政から注意された通りクーラーはつけております。猛暑日がつゞいて部屋の中でも水分の補給も大切との事です。三度の食事の用意だけで精一杯です。家族に迷惑をかけぬ生活が何時まで出来るかと心配になってきました。同級生で早くから老人ホームに入居している人もいます。健康である事と出来るだけ明るい事を考へる事が大切と思っています。その日によって足の動きがいろ〳〵なので困ります。早くから歩けない日と、長く歩ける日とあります。何とか、生活出来ている事を感謝せねばなりませんね。近くに家族が居てくれる事は嬉しいことです。

とりとめない事ばかりですみません。内野先生に助けて頂いて皆で勝利の日までがんばりましょう。よみづらいと思いますがおゆるし下さい。

八月五日

8月9日 ‖ 接見記録より

僕が「粉飾」を嫌いな理由がある。

山陽特殊製鋼という会社が姫路にあって、僕が小学校4年くらいの時に戦後最大の倒産をした。オーナー社長が好き放題やっていた。その専務に浜田さんという人がいて、その奥さんが母親の親友だった。その時のことをまざまざ覚えている。

風邪で寝ていたとき、ナット・キング・コールが喉頭がんで亡くなったというニュースと一緒にやっていた。浜田さんは、つかまってしまい、刑務所に入り、癌で亡く

なったのだか　その時「粉飾」というのは人を殺すものだと幼心で思った。段ボール箱が家に送られてきて母親が階段の下に預かっていたのだが、父はそれを知って非常に怒っていたのをよく覚えている。

野村の新宿ビルにいた時に山田[*]から粉飾を聞いたら、野村證券では法人課長と支店長は報告義務があるので、間違いなく本店に報告していただろう。

＊山田　オリンパス元副社長の山田秀雄氏。当事件の主犯の一人。父に粉飾の相談をしていたと供述。

8月10日　本当に私は恵まれている

宣政元気ですか。暑くて大変ですね。宣政の事を考へると、どうしても涙がこみあげます。暑いので運動不足で、体力もおとろえてきたように思います。
私が上京してすぐ友佳と二人で二泊三日の京都旅行をした事を思い出しました。銀座へは二人でよく出かけました。私には楽しい思い出となっております。娘のない私には、孫の友佳は唯一の宝です。ひとみさんも俊哉もやさしいし本当に私は恵まれていると感謝しております。私の友人で息子一家と同居している人がいますが、孫（女の子）と出会っても口もきいてくれぬとなげいている友人がいますが、信じられません。

一日も早く一家五人の生活が出来ますよう祈っております。ずい分長く会っておりません。がんばって下さいね。身体には十分気をつけて下さい。健康第一です。

八月八日

8月13日　百日間毎日おまいりした事

宣政元気ですか。ずい分長くなりましたね。何時までこの状態がつづくのでしょうね。

私が上京した翌年、友佳の大学入試がありました。入試一ヶ月前に友佳から、毎朝六時におこしてほしいと、たのまれ、私ははり切って朝食の小さいおにぎりを一ヶ月作った事、合格した時のよろこびなど、なつかしく思い出し、上京して少しはよかったかなと、なつかしく思い出します。

それから俊哉の入試の時は、簸川（ひかわ）神社に百日間毎日おまいりした事、一月に一日大雪で大変だった事などなつかしく思い出します。あの時分は元気で役に立つ事も出来たとなつかしいです。今は自分の事も大変です。

ひとみさんから聞いたのですが、首のまわりがよくない*との事。手当はして頂けるのでしょうか。

十七日の新月願いをこめて祈って下さい。宣政の勝利と内野先生が勝利される反撃の立派な資料を一杯入手されるよう祈っております。自由という事は当り前と思っていましたが人にとって一番の宝ですね。一日も早く自由を手に入れられるようにと切に〳〵祈ります。

何時もひとみさんが気をつかってくれますので私の事は安心して下さい。何物にも負けぬ気力をしっかり持って下さい。こらからが大事と思います。勝利のため、家族のため、気をひきしめ、がんばって下さい。

八月十二日

＊首のまわりがよくない　頸椎ヘルニアになりかけていた。右手が痺れて冷たくなり、めまいがした。拘置所内で週2回、油紙に包まれた少量の消炎鎮痛剤が処方された。

8月14日 ‖ 接見記録より

お母さん、会える時間が削り取られているようで辛い。
ただ、その時間の大切さを分からせてもらえたことはありがたいと思っています。
仏壇にお参りできないで申し訳ないです。
ひとみと友佳と俊哉にも必ずお参りをさせてください。
今日、明日は必ず。

8月16日 ｜ 実力の発揮出来る時がくる

宣政元気ですか。何時も宣政の事ばかり考へています。十二日（日曜日）午前中、龍一家、午後、昭信・紀子さんが、仏壇におまいりに来ました。その時社内報*を持参してくれましたが、その中でトップインタビューの記事があり昭信らしい所があったので書きました。

「社長が意義のある仕事をしていると実感されたのはどんな時でしたか？」という質問でした。すごく実感したのは中国オリンパスの時*で内視鏡の事についてでした。当時豊かになった中国で胃がん腸がんがすごく多かったそうです。一年位かけて全ての省を廻り何百という病院をみたが内視鏡の装置はわづかの大病院にしかなく、人々はわづかな病院で朝五時から並んでまつという状態でした。昭信は中国政府に働きかけ医者をトレーニングする設備を建ててもらい、東京本社を説得して資金を出してもらい、中の設備をととのえ、内視鏡を使いこなせる医者を教育したそうです。

そのため一気に中国内で内視鏡の導入がふえ、売上がのび、内視鏡販売会社は無借金増益の会社になったそうです。

又、四川大地震の時、内視鏡の技術の応用で、人が入れぬところを細い管で人の有無をたしかめる装置を日本に在庫があるだけ全部寄附したが、その時東京本社から批判があったそうですが結果的に、その後中国全土の省からひき合いがきて大きいビジネスになり、大きな儲けになったそうです。今いる会社でも、新しい事をする時は国内国外をとわづ必づ自分の目でたしかめて事をすすめるそうです。会社もだん〳〵良くなってきているようです。昭信らしいと思います。必づ宣政も実力の発揮出来る時がくると思います。がんばって下さいね。

八月十五日

＊社内報　伯父昭信が当時社長を務めていたＪＡＬＵＸの社内報。　**＊中国オリンパスの時**　日商岩井（現在の双日）出身の伯父は、経営不振に陥った日商岩井救済の為に日商岩井のエレクトロニクス事業部を分社化してＩＴＸという会社を作った。しかし、見込んでいたみどり会（旧三和銀行の取引先企業が参加する企業グループ）の協力を得られず、オリンパスに支援を頼んだ。それによってＩＴＸがオリンパスに買収された為、ＩＴＸ社長だった伯父はＩＴＸを離れオリンパスの執行役員となった。その際、中国総支配人として内視鏡（胃カメラ）の営業を行って成果をあげた。

8月21日　家族五人で食事に行ける日を

宣政元気ですか。何時も宣政の事ばかり考へている毎日です。

内野先生がお電話で宣政の事を知らせて下さるのが唯一の楽しみです。少しでも良い事があれば嬉しいのですが…

以前文京区から健康質問がきまして出していたのですが、その結果を知らせて頂きました。七項目あり六項目までは大丈夫でしたが、心の健康のところで注意が必要との事。よく気をつけたいと思います。出来るだけ前向きに明るく物事を考へる事が大切ですね。パーキンソンなど、ふきとばす位の強く明るい精神を持ちたいと思います。

私を元気づけようと、ひとみさん、友佳、俊哉がヤキ肉を御馳走してくれるとの事、嬉しいのですが、宣政と皆で食事に行った事を思い出し胸が一杯になります。一日も早く家族五人で食事に行ける日を心から祈っております。待つ時間はとても長く感じますね。まだ先は長いと思いますが決してくじけないで皆での切りましょうね。身体は大切にして下さいね。

八月十九日

8月30日　接見記録より

今までは、気持ちの動きが乱高下していたけれど、今は波がゆっくり上下する感じです。

寝つきは良くて、最近10時間くらい寝ている。空が見たいです。

こちらは全身あせもとかかぶれがあり、首は良い時と悪い時があるけど、なんとかやってます。

歯は毎日しっかり朝晩磨いています。良い癖がつきました。

体重は59kgまで落ちていたのが、昨日量ったら62・5kgで少し太りました。

髪の毛は真っ白です。

9月3日　話せば少し気が楽に

宣政元気ですか。私共は変りなく過しておりますので、安心して下さい。

昨日姫路の友人からデンワがありました。何時も心配してくれて嬉しいです。何でもかく

さす話せる友人がある事に有難いです　話せば少し気が楽になります
私は土曜日の新聞に「数独」というパズルがのるのですが、楽しみで、出来た時の満足感を楽しんでおります。以前、宣政がパズルの本を買ってくれて一生けん命がんばった事がありました。なつかしく思い出します。
前に血糖値が高いといわれていましたが、大丈夫ですか。気をつけて下さい。乱筆ですみません。

九月一日

9月3日 ‖ 接見記録より

なんとなく寂しい感じがする。自分だけ頑張ってやっているだけのように感じてしまったので。羽田と小野が冷めているとしても、僕が社長なんだから、彼らを含めて救わなきゃいけないんだな、という気持ちになった。
2年前にかわいがっていた犬が死んだ時の感覚に似ている。何かを失ったような。

9月6日 ‖ 接見記録より

全身の調子が良くない。
ちょっと限界な感じ。裁判のことよりも肉体的に辛くなって、精神的にも大変。

書きたいけど、書けない。書くと夜中に手が痛くなってしんどい。

首の調子がそろそろ限界にきている。

筋弛緩剤を勧められている。副作用として体がだるくなることがあると言われている。

土日*もきつい。外に出られないから。

座り続けるのも大変。本当にしんどい。食欲もない。お茶で飲み込んでる感じ。


ここに入っている最大の理由は、検察官が金融を知らないことに尽きる。

＊土日　土日祝日は平日と違い、弁護士の接見・運動・入浴が無い為、一歩も部屋の外に出られない。

9月10日　テニスをしていた頃がなつかしい

宣政元気ですか。健康の事が心配です。大丈夫ですか。気をつけて下さいね。

私は日により、よしあしがあり、又時間により歩行困難となるので、外出時とか来客時が一番心配です。

今イギリスでパラリンピックが開催されていますが、選手の方達のすばらしい努力に頭が下ります。精神力のすばらしさにおどろきです。男子水泳で金メダルをとられた方がありました。

私はテニスをしていた頃がなつかしいです。テニス部員とは今交流がないので消息はわかりません。上級生、同級生、下級生、皆とても良い方ばかりでした。楽しい思い出を持つ事は幸せと思います。

近い内に内野先生がお話しする*と申されていますので宣政の事、おきき出来る事を楽しみにしております。つらい毎日と思いますが、がんばって下さい。私は宣政の健康を一番心配しております。くれぐれも気をつけて下さい。

九月九日

＊お話しする　家族に対して状況説明するということ。

9月13日　お父さんが余りにも立派すぎ

宣政お元気ですか。健康の事が何時も心配です。

今日は敬老の日とて文京区から御祝五千円頂きました。テレビで一〇五才の女の方が出ておられましたが、とてもしっかりと会話され、私より若々しく明るくしっかりされていました。

私は自主性がなく、もっとしっかりせねばと思うのですが駄目ですね。お父さんが余りにも立派すぎ、その下で唯々ついて行ったという感じがします。新在家*がなつかしいです。

あのまま姫路にいた方がよかったのかとも考へたりします。そういう事を考へる事が駄目なんでしょうね。

「十六日」は新月です。心こめて祈って下さい。身体くれ〴〵も大切にして下さいね。乱筆おゆるし下さい。

九月十二日

＊**新在家**　姫路市にある町の名前。父達の故郷。祖母の上京時に自宅を売却した。

9月18日　横尾家の伝統

宣政元気にしておりますか。

十三日内野先生の事務所に四人で伺いました。内野先生始め、皆様の大変な御努力に唯々感謝のみです。まだ〳〵時間がかゝるようですが、心を一つにしてがんばりましょう。ひとみさん、友佳、俊哉が心やさしく接してくれる事が私には何よりのよろこびですし感謝しております。私自身パーキンソンがなければもう少し役に立つ事も出来るのにと、そればかり思いますが、何事も明るく考へる事が大切だと思い、自分の為、元気に前を向いて生きて行きます。会える日を楽しみに待っております。楽しみがあるという事を良い方へ考へます。

小さい時から昭信も宣政も「ウソ」だけはつかぬ子供でした。堂々としてとてもがんこでしたね。横尾家の伝統と思います。横尾の母は佐賀のマッカーサーとあだ名のあった、それはきびしい人でしたが、宣政をとても可愛がってもらったと思いますよ。どうか宣政らしく自分をつらぬいて下さい。

一日〳〵がつらくくるしいと思います。宣政の事を思うと私自身たまらなくなりますが、がんばります。健康には気をつけて下さい。新月に心こめて祈りました。

九月十六日

9月24日｜敬老の日に

宣政元気ですか。

十七日敬老の日に昭信が迎へに来てくれて、巣鴨へ行きました。龍、健、龍と健の子供達、皆そろって迎へてくれました。曽孫達が私の似顔絵と色紙できれいな花束を作って祝ってくれました。ひと時ですが、くるしみを忘れ過す事が出来ました。

十九日に、ひとみさん、友佳、俊哉がドームホテルにさそってくれ一時を食事ですごしました。皆から大事にしてもらって幸せと思いますが何時も宣政の事が頭にあり、心のそこから楽しみはもてません。

お父さんがなくなられる前に「息子といへども決してお金を渡さぬよう」といわれていましたのに、大金*を住宅のためとはいへ宣政に渡した事をくいております。今、あのお金があれば、宣政のために本当の意味で役立ったと思います。今、私がおかれている苦しみは、お父さんのいかりではないかと思い、お父さんに心からの謝罪を毎日しておりますが、きびしい人でしたから、なか〳〵ゆるしてもらえぬかも知れません…
宣政の様子は内野先生が伝へて下さる以外知る事が出来ませんのがつらいです。まだ〳〵先が長いと思いますが、決してくじけぬつよい心でがんばって下さい。私もつらいが、がんばります。

九月二十一日

＊**大金**　祖父の死後、姫路で一人で暮らす祖母を心配した父は、祖母を東京に呼び寄せようとした。父は二世帯住宅へ引越そうと物件を探したけれども適当な家が見つからず、兄家族の自宅近くに家を建てることに決めた。しかし脱サラしたばかりで資金が無くローンも組めなかった為、祖母から借金をして今の自宅を建てた。

9月25日 ＝ 接見記録より

2日ぐらい前から腱鞘炎は少し良くなってきている。不思議なことで。
5～6月に不安感が強くなり、6月後半から立ち直り始めていたけれど、
9月に入ってからまた一気に5月の雰囲気に戻った。
なんでだか分からないけれど、天気とか気圧とかが関係するのかもしれない。
なんとか矛盾点を見つける、勝つんだ、という感じが急激に萎えてきた。
どうせ負けちゃうんだろうな、国家権力だもんな、と感じる。

差入れてもらった花にさなぎがついていたから、運動の時に外へ逃がしてあげた。

9月28日　正義をつらぬくため

宣政元気ですか。
内野先生のお電話で宣政が「腱鞘炎」だときき、案じております。手当てはして頂けるのですか？　ずい分長くなりましたが、決して負けぬ強い気力は持ちましょうね。これからは、精神力が大事と思います。正義をつらぬくため最後まで、がんばりましょう。ひとみさん、友佳、俊哉、皆元気です。暑さも大分やわらぎ、しのぎ易くなりました。宣政の事を考へると、たまらなくなりますが、どうか身体にだけは気をつけて下さい。乱筆おゆるし下さい。

九月二十七日

10月1日　接見記録より

5月頃よりひどい状態になっている。
供述調書は、全く読めていない。事件のことを考えると吐き気がする。
暗くなって布団に入ると、落ち着く。

検察官のミス（やり直し、構成しなおし）で期日が延びているのに、どうしてそれをこちらがかぶらなくてはいけないのか。１９０日くらい、検察官に待たされている。

保釈について、これで罪証隠滅だというのであれば、散髪屋以外はいかない、と約束する。何か特別な用事があるときは、弁護士に確認を取ってもらう、と約束する。一般常識的に歩いていける範囲で制限してもらえれば、絶対に守るから保釈してほしい。

10月2日　健康を気づかってくれ有難う

宣政元気ですか。

十月の新月は「十五日」です。心をこめて祈って下さい。宣政の健康を一番心配しています。大事にして下さい。精神的に負けぬよう強くなって下さい。大変と思いますが私は、最近出来るだけ明るくなる事を考へてと思うにようになりました。良い事、明るい事を考へる事も大切だと思います。そうすればだん〳〵良くなると思います。私の健康を気づかってくれて有難う。内野先生から、まだ先が長いとききました。今一番大切と思います。皆でのりきりましょうね。乱筆おゆるし下さい。

十月一日

10月10日　気力だけは　しっかり持って

宣政元気ですか。

ずい分長くなりました。どんなにくるしくつらい事かと思います。一日も早く青天白日の身となる事を心から祈っています。

七日（日曜日）、俊哉の提案で食事につれて行って頂きました。時間的に歩行が困難と思いためらっていましたが、俊哉と友佳にすすめられ、ひとみさんに手をつないで頂き、何とか行く事が出来ました。皆で頂く食事はやはりおいしく頂きました。やさしい家族にかこまれ感謝一杯です。

宣政が元気に帰ってくるまでは、何としてもがんばらねばと思っています。年と共に体力は弱って行くようですが、気力だけは、しっかり持っていたいと思っています。

「十五日」の新月祈りましょうね。

先日、紀子さんが買物用手おし車を買ってきてくれました。上手に使へるとよいのですが、足腰のわるい私は、どうかと案じています。身体くれぐれも大切にして下さい。十月八日

10月15日　「息子といへども絶対お金を渡さぬよう」

宣政元気ですか。何時も健康の事が心配です、気をつけて下さいね。

俊哉の就職で少し明るい気分になれます。通勤時間は一時間少しかかるそうです。東京では近い方なのかも知れませんね。

十月三十日はお父さんの命日です。お父さんから生前「息子といへども絶対お金を渡さぬよう」ときびしく注意されていた事を守らずにした事がくやまれます。きびしい人でしたからゆるしてもらへぬと思いますが、毎日、おわびを申しております。今そのお金があれば本当に有用に使へたのにと思います。

様々な事を思い出します。鉛筆一本でも公私の別をはっきりさせる人でした。昭信がお父さんを思い出す時、端然とすわっている姿しか浮ばぬと言っておりました。運転手の石戸さんは、きびしい人だけど、やさしい人で、よく気くばりをして頂いたと申されています。いまだに、会社の方々がお父さんの事を思い私への配慮をして下さる事は、本当に嬉しいです。

どうか私のためにも家族のためにも元気でがんばって下さい。ますます乱筆になります。おゆるし下さい。

十月十二日

10月17日＝接見記録より

土曜日の明け方から急におかしくなってきた。

首が痛いのと手の痛みもあって、寝られない。首も痛い。どんどん不安が大きくなっていき、部屋の中を2～3時間ぐるぐる歩き回って、どうしようもないから壁に頭をぶつけ*たりしていた。

一番偉い担当さんが、「拘置病」と呼んでいるとのこと。

手の痛み止め、筋弛緩剤と抗不安剤を2～3時間ごとに飲んで、夕方まで寝ていた。

明日の午前中診察があるはずなので、その時にまた筋弛緩剤をもらおうと思っている。

裁判のことを考え始めると不安になってしまうので、できるだけ考えないようにしている。

言いようのない苦しさ。死にたいと思うわけでもない。

自分がこんなに弱いとは思わなかった。

やっと友佳や俊哉のうつ病の気持ちが分かった。気合いが入っているかどうかではなく、こんな状態だったのだと分かった。

今日がちょうど244日。1年の3分の2です。

なんで僕らが出られないのか。

向こうの言い分ばかりが認められて、我々がずっと閉じ込められている。

主張としては、今の段階では5分5分のはずではないのか。

何一つとして証拠はないではないか。
なんで、こんな目に遭わされるのか。

お母さん、15日の新月にはちゃんとお祈りしましたよ。毎日お祈りしながら寝ています。ちゃんと健康に気を付けて。何かあったらちゃんと兄貴を頼ってね。

＊壁に頭をぶつけ　錯乱状態になって壁に頭を何度も強く打ちつけ、刑務官達が慌てて止めに来た。

10月18日　一日一日を大切に

宣政元気ですか。何時も健康が気になります。

先日、京大の先生がノーベル医学賞を受賞されました。パーキンソンも治る病気になるそうですが、時間がかかるそうで私が生きている内にはむりと思います。何十年という努力の結果との事本当にすばらしいです。今後どれだけ多くの人が助かるかと思うと本当にすばらしいです。

私は、お父さんのいわれた通りしていれば間違いないという生活だったので、一人になってから、何かしっかりせづ、駄目ですね。お父さんが立派すぎ、たよりすぎていました。

お父さんもきっと私が一人で生きるのがとても心配だったかも知れません。自分でもなさけないです。自分におこった事は良い方へ考へ、それをのり切るよう努力する事が大切と思うようになりました。自分に与へられた試練と思いたえねばと思っています。宣政も一日〱を大切に努力して下さい。前に向ってお互い明るくがんばりましょうね。乱筆おゆるし下さい。

十月十七日

＊京大の先生　ｉＰＳ細胞の研究でノーベル生理学・医学賞を受賞した山中伸弥教授のこと。

10月22日　せめて面会がゆるされる事を

宣政体調が悪いように内野先生から承り心配しております。ともかく元気でいてくれる事を何時も願い祈っています。この大きな長い試練は、どんな事があってものりこえねばなりません。そのためには健康が大事と思います。私も先の光りに向ってがんばっております。きっと助けて頂けると信じております。

せめて面会がゆるされる事を祈ります。とても会いたいです。元気でいて下さい。

十月二十日

10月25日　本人のくやしさはどんなかと

宣政どうしていますか。少し元気が出てきたようだと内野先生から承り少し安心しました。もと〱何の罪もないものを起訴したのですから、こんなに長くひっぱってよいのかと、さけびたくなります。

本人のくやしい思いは、どれ程深いかと思います。今年一杯は辛抱せねばならぬように私は思います。つらい日々と思いますが、決してくじけぬようがんばって下さいね。

最近、誤認逮捕が多く、新聞に出るようになりました。後であやまってすむものではないと思います。本人のくやしさはどんなかと思います。

毎日がつらい日々と思いますが、どうかがんばって下さい。少しでも良い事がありますように祈っております。

十月二十三日

＊**少し元気が出てきた**　精神的な波が激しく、些細なことで落ち込んだり元気になったりを繰り返していた。

10月29日　今の私の生きがいは宣政に会う事

宣政元気ですか。私は日によって歩行によしあしがあるので一番困ります。気温の変化があるので、身体に気をつけて下さい。

先日、内野先生のお電話で宣政が元気になっているとの事承り嬉しく安心しました。今の私のねがいは宣政に会う事です。一日も早く実現するよう祈っております。乱筆おゆるし下さい。

十月二十七日

10月30日 接見記録より

お母さん、今日はお父さんの命日ですね。あの日のことは、まざまざと覚えています。

12月12日のお父さんの誕生日は、拘留からちょうど300日目に当たりますが、まだまだ出られそうにありません。接見禁止なので、新聞も読めませんが、楽しい話題や役に立ちそうな事は、手紙で教えてくださいね。

絶対に身体を大事にして、検査（PET）には必ず行ってください。

僕のためと思ってお願いします。

それから今日は、ひとみと友佳と俊哉に、線香を上げさせてください。

11月2日 お父さんにほめられるような人間に

宣政元気ですか。昨日三十日は、お父さんの命日でした。ひとみさん、友佳、俊哉と私で心からのおまいりをいたしました。午後は紀子さんが来てくれました。三十年前を思い出します。本葬、社葬*と大変でしたが、昭信、宣政が立派につとめてくれました事を、この間のように思い出します。この度は佐賀へ帰れぬので、前もってお寺に供養をお願いしました。

昨夜は家族四人で近くのレストランへ食事に行きました。一人で食事するよりやはり楽しいですね。耳が遠いので話しが少しきぎづらいのが一寸淋しいです。

今手紙を書いているところに内野先生よりお電話で、宣政のメッセージをきかせて頂き胸がいたくなりました。宣政がお父さんにほめられるような人間に少しでも近づいてくれる事はとても嬉しいです。今後は、お父さんの人格に少しでも近づけるための修行と思ってがんばって下さい。私の事、いろ〳〵気づかってくれ嬉しいです。宣政も身体を大切にして下さい。最後まで力を合せがんばりましょうね。

十月三十一日

*本葬、社葬　社長在職中に亡くなった為、本葬以外に社葬が執り行われた。

11月6日　私の事は安心して下さい

宣政元気ですか。

ずい分長くなりました。宣政が何とかがんばってくれる事が私の願いです。くるしく、つらい事と思いますが、笑へる日を信じがんばって下さい。

十一月の新月は「十四日」です。願いを心から祈って下さい。

今日は姫路の友人（明石さん）からはげましのデンワを頂きました。何時も心にかけてくれ嬉しいです。パーキンソンがなければ姫路へ行きたいです。何でも話せる友人のある幸せを一人感じます。

ひとみさんが何時も心にかけてくれ、時々食料品を買ってきてくれます。外出の不自由な私にはとても助かります。よき人達に囲まれ感謝で一杯です。私の事は安心して下さい。身体を大事にして下さい。宣政なら絶対がんばれると信じています。乱筆ですみません。

十一月四日

11月10日　時々夢ではないかと

宣政元気ですか。一年が過ぎようと*しております。時々夢ではないかと思う事があります。一番つらい思いをしているのは宣政と思うと胸がいたくなります。よくがんばっていると思います。母のため家族のため心を強く持ちがんばって下さい。

今日は巣鴨の大鳥神社の祭礼*があり、おまいりしてきました。時間により歩行困難なのが一番困ります。何時も時間におっかけられている感じで、ゆったりとした気分になれず淋しいです。日により何時までも歩ける日はとても嬉しくなりますが、めったにそんな日はありませんけれど…　十一月五日は俊哉の誕生日でした。俊哉が今週土曜日か日曜日に食事にさそってくれています。最近歩行がよくなく行けるかどうかわかりませんが、とてもやさしくしてくれ嬉しいです。

身体に気をつけて下さい。会へる日を楽しみにしております。

十一月八日

＊一年が過ぎよう　オリンパス事件の報道が始まってから約一年。逮捕からは約9ヶ月。
＊祭礼　酉の市。

11月14日＝接見記録より

今朝の面会＊のときは、言いたいことも満足に話せず、涙を止めるのが精いっぱいでした。

母親にはだいぶ泣かれました。

家族の状況を知って、生活が苦しそうで、聞いていてきつかった。会わなければよかったと思うこともあり、気持ちが混乱しています。

自分の話ばかりで終わってしまって、もっと家族の話も聞いてあげたかったと思っています。

花は今日の内に届きました。ありがとう。

＊面会　父の逮捕後、弁護士以外との面会が禁止されていた為、どうしても面会が必要な

「特別な理由」をつけて毎月「接見禁止一部解除の申請」を出していた。家族が初めて面会を許されたのは逮捕後約9ヶ月経った12年11月14日。面会は一回30分、一度に家族3～4人まで。東京拘置所内の面会室で、刑務官立ち合いの下、ガラス越しに行われた。事件に関する話は一切禁止。申請した内容についてのみ話すことが許された。

11月30日　皆よくがんばっています

宣政元気ですか。

今年も後一ヶ月となりました。ずい分長くなりました。パーキンソンがすすんだ様で久しぶりに横浜の加藤先生*より紹介された赤坂のクリニックへ行きました。歩行が悪いので紀子さんについて行って頂きました。以前は充分一人で行けたのですが、この度は歩行がむづかしくなり、ついて行って頂いて、とても助かりました。宣政が無事帰ってくるまでは、元気でがんばりたいと願っております。

先日、内野先生よりデンワで宣政の伝言嬉しくきかせて頂きました。気づかい頂いて有難う。宣政の事を考へると、どんな辛抱も出来ます。安心して下さい。

昨日友佳から手作りの小さいバラの花*を頂きました。本当の花を水なしで、たのしめるもので、以前宣政からバラの鉢を頂いたのと同じです。バラの鉢は今も部屋に飾っています。思い出して胸が一杯になります。

ひとみさん、友佳、俊哉、皆よくがんばっています。ひとみさん、何時も私を気づかってくれ嬉しいです。身体にはくれぐれも気をつけて下さいね。

十一月二十八日

＊横浜の加藤先生　以前父が投資していた会社の技術を利用して免疫治療を行っている。祖母は２０１０年に肺がんを発症して以降、ここで免疫治療を受けていた。

＊バラの花　自作のプリザーブドフラワー。

12月6日　良い家族に恵まれ

宣政元気ですか。

大変寒くなり私の足の動きがとても悪くなり、外出するのがだん〳〵むづかしくなりました。内野先生より宣政が元気で、がんばっている由承り嬉しく感謝しております。

昭信から、友佳の就職*の話があったとの事。友佳が良いと思へばよろしいけどね。十一日に面接に行くそうです。あせらずさがすのがよいと思います。

私は、良い家族に恵まれ幸せです。こんな状態でも安心してくらせる家族のある事の幸せを感謝しております。唯、私の病気で迷惑をかけぬよう生きる事が、私の最大の願いです。

今月の新月は「十三日」です。祈って下さい。絶対信じて、がんばって下さいね。

昨日、稲野様*より、美しい鉢植の花を送って下さいましたので、高砂*のアナゴをお送りしておきます。こういう時に変らぬお心、とても嬉しく涙が出ます。皆様、宣政の無実を信じて下さっている事が何より嬉しく思います。つらい日々と思いますが、心を強くがんばって下さい。

十二月四日

＊就職　マスコミ取材等で就職先に迷惑を掛けないよう、また、父の件により採用が取り消されないよう、父の事情を知った上で雇ってくれるオーナー企業への紹介をお願いしていた。　＊稲野様　父の野村證券時代の元上司。野村證券の専務を経て、野村ホールディングスで副社長を務めた。　＊高砂　兵庫県高砂市。

12月10日｜悪い事など絶対できぬ人物だと

宣政元気ですか。とても寒くなりました。宣政の事を思い胸がいたくなります。

友佳の就職は駄目*になったとの事、今は慎重にする時と思いますので仕方ないですね。

先日、俊哉の話しで、インターネットに野村の方*が宣政の事を、正義感が強く仕事がすばらしく出来る人で、悪い事など絶対出来ぬ人物だという事を書き込まれたそうで、それをきき胸一杯になりました。

どうぞ、最後まで自分をつらぬいて正義のためがんばってください。くやしく、つらい事も多いと思いますが、沢山の方が宣政の事を思って下さっている事を思い、がんばって下さい。

久しぶりに、ひとみさん、用事で大阪の実家へ行っております。土曜、日曜で孫達がいてくれますので、安心です。

今日は友佳の誕生日ですので、近くのファミリーレストランへでも行ってみます。ささやかに祝ってと思います。健康にくれぐ〳〵も注意して下さい。

十二月九日

＊就職は駄目　紹介してもらった会社が、当事件の関係会社だった為、断念した。　**＊野村の方**　野村時代の後輩「いっちゃん」こと市村さんのブログ記事。

12月17日　きっと守って下さっている

宣政元気ですか。

今日内野先生よりお電話頂き宣政達に裁判で大変有利な事*があったとの事、嬉しく涙が出ました。一日も早く釈放される事を祈ります。

新月の神様、きっと守って下さっていると思います。

友佳が午後五時から夜の十二時までのアルバイトをしております。何とか昭信によいお仕事をみつけてやって頂きたいと願います。新月の神様に全面勝利を報告出来る日が近い事を心から祈っております。皆よくがんばっております。身体に気をつけて下さい。

十二月十四日

＊大変有利な事　父に有利な証拠は多数見つかったけれども、検察および裁判所に無視さ

れ、採用されることは殆ど無かった。

12月12日　何時まで手紙が出せるか

宣政元気ですか。

九日は友佳の誕生日だったのですが、午後俊哉が誕生祝のリング*のアイスクリームケーキを買ってきて三人でお祝しました。俊哉はやさしく、よく気のつく子です。夜は孫と三人でファミリーレストランに食事に行き、ひと時を楽しく過しました。幸い歩行も大丈夫でした。

先日、植木屋さんが来られ、きれいになりました。ひとみさんが今の大変な時だから外からみて、きちんとした方がよいという事で、とてもひとみさんえらいと思います。パーキンソンがすすんで字が書きづらくなり、何時まで手紙が出せるかわかりませんがおゆるしください。

アメリカではパーキンソンの薬の開発がすすんでいるとの事、よい薬が出るとよいのですが…　とても寒くなりました。大変と思いますが、先が長いと思いますが、がんばって下さい。

十二月十一日

*リング　ホールケーキのこと。

12月19日　なかなか私に合う薬が

宣政元気ですか。

今日は朝から雨降りです。歩行が悪くとても不安感で一杯です。ひとみさんに世話になる事が多くなりましたが、気持よくしてくれ、とても嬉しく思います。俊哉も友佳もよく気づかって声をかけてくれます。恵まれた生活に感謝一杯です。内野先生達の御努力に感謝しつゝ、あせらず一日も早く元気に釈放されて帰ってくれる事を一日千秋の思いで祈り乍ら待っております。

知人の漢方薬屋さんが親切に、つぎ〱と薬を送って下さいます。なか〱私に合う薬がみつかりませんが、御親切に感謝しております。

宣政は心を強くもち、つらい事も多いと思いますが、がんばって下さいね。乱筆ですみません。

十二月十七日

12月24日　車椅子を貸りに

宣政元気ですか。

毎日どんなにつらい思いで過しているかと思うと涙があふれます。どうかがんばって下さい。

私は昨日文京区の福祉センターで車椅子を貸りに行きました。私一人で行くつもりでいましたが、ひとみさんがついて行ってくれ大助りでした。一人で行っておれば、とても大変でした。ひとみさんのやさしさに感謝で一杯です。車椅子は一ヶ月貸りる事が出来るそうで一安心です。

大変寒くなりました。暖房もないところでどんなにつらい事かと思います。

俊哉も友佳もよくがんばっています。友佳の就職が一日も早く決まるよう祈ります。昭信にもう一度デンワをしてみます。今はアルバイトで夜がとてもおそくなるので心配します。

来年はきっと良い年となると信じます。皆、力を合わせ勝利の日までがんばりましょう。

十二月二十三日

12月27日　病気がすすんでいる

宣政元気ですか。

昨日ひとみさんがケーキを買ってきてくれ、コーヒーも下まで運んでくれ四人で頂きました。嬉しく感謝で一杯です。

今日友海が手作りの「いなりずし」と「とりのから揚げ」菓子を二階の分と二軒分持参してくれ、その上家族で食事へ行くようにと五万円渡してくれ、重ね〲の暖かい心に涙で一杯。私は自分の幸せに感謝で一杯です。

足が急速に悪くなってきました。病気がすすんでいると思います。多田さんから何とか皆に迷惑をかける事なく過せるよう一生けん命新月の神様へお祈りしなさいといわれました。助けて頂きたいです。

友海は明日から来年一月二日まで、大学の用事でイギリスへ行くそうです。大学の先生も大変ですね。来年は何とか良い年となりますように、心から祈ります。元気でがんばって下さい。

十二月二十五日

2013年❖新月に祈りを込めて

父の京都大学卒業時の家族写真。
奥が祖母 鈴子。
手前左が祖父 定視。
手前右が父 宣政。

1月4日　どうか今年一年が

宣政元気に新年を迎へられましたか。

私は三十一日、二階でおそばを頂きました。ひとみさん、俊哉、友佳は一月一日早朝より神社へお詣りし、宣政がどうか勝利して元気に帰ってくる事をお祈りに参りました。どうか今年一年が横尾一家にとって良い年でありますように、心から祈っております。

昨年くれに、野村におられた後藤様*より、お米、餅を沢山送って下さいました。嬉しく感謝で一杯です。宣政の事を思って下さっていると思います。佐賀のお酒を送りたいと思っております。

元旦は昭信・紀子さんが迎へにきてくれ巣鴨*へ行き、孫、ひ孫達とお正月を祝い、帰りは龍と健が送ってくれました。新年に昭信が私を迎へに来てくれた時、お年賀としてチョコレート一箱、俊哉と友佳にそれぞれお年玉を渡してくれました。皆のやさしさに感謝で一杯です。一日の夜は二階で手巻ずしを御馳走になりました。どうか皆の為、心を強く持ちがんばって下さい。

一月二日

***後藤様**　父の野村證券時代の元上司。野村證券の専務を経て、野村総研で社長を務めた。

***巣鴨**　巣鴨の昭信伯父宅。私達の家から徒歩15分ほど。

1月6日 接見記録

お母さんは、どんな正月でしたか。
元旦が手巻き寿司*で2日がしゃぶしゃぶでしたか。
元旦は、新月に祈りました。
毎日祈ってから寝てますけどね。

今年もきちんと検査に行って、食事はひとみに必ず頼んでください。
皆が元気だから、僕も目いっぱい頑張っていられるんですからね。
長い歩みの苦しい闘いですが、何とか勝ってみせます。

＊手巻き寿司　正月は父が食材を買い集め、一日の夜に手巻き寿司、二日の夜にしゃぶしゃぶ鍋を自宅で家族揃って食べるのが毎年の恒例だった。

1月7日 暖房もない所で大変と

宣政元気ですか。
三ヶ日は二階で御馳走になりました。気持よく三人が接してくれる事は、私には何よりのよろこびです。

今日から友佳はアルバイトに出かけました。一日も早く昭信がよい就職先をさがしてくれる事を祈ります。

お正月に友佳達が神社におまいりに行った時、「おみくじ」を引きましたら、大吉が出たとの事。私にはそのお札*をみせてくれました。今年はきっと良い年となると信じます。さびしくつらい日々と思いますがどうか心を強く持って勝ちぬいて下さい。

とても寒くなりました。暖房もない所で大変と思います。身体に気をつけて下さい。

一月の新月は「十二日」です。心こめて祈って下さい。きっと願はかなえて下さると信じております。後藤様へはお酒の方がよいのではと、ひとみさんのすすめで、佐賀の天山酒造よりお酒を送りました。宣政の事思って下さる事、とても嬉しいです。

一月四日

*お札　おみくじのこと。

1月15日――一家そろって外食出来る日を

宣政元気ですか。

とても寒い日がつゞいております。内野先生より、お電話で宣政が元気の由承り安心いたしました。

十五日は順天堂*へ行きます。今まで一人で行っていたのですが、最近はとても不安で、この度はひとみさんがついて行って下さるので安心です。歩行がだんく短くなりとてもつらいです。時々皆で夕食していたのですが、私の歩行のわるさで出来なくなりとても淋しいです。一日も早く一家そろって外食出来る日を待っております。

内野先生からデンワを頂いた時、今月も面会出来るようにしますからとおっしゃって頂き待っております。車椅子は貸りてよかったと思います。とても安心です。友佳も俊哉も元気です。字とても書きづらく乱筆ですみません。身体にくれぐも気をつけて下さいね。

一月十一日

*順天堂　御茶ノ水の順天堂医院。祖母がパーキンソン病の治療の為に通院していた。

1月21日 ‖ 接見記録

お母さん、くれぐれも風邪を引かないように。

車椅子にのって、できるだけみんなでご飯を食べるように。家の中でいいから。

ちょうど1年くらいになるが、毎日10時間座りっぱなしになると、ひざも腰も負担が大きい。お母さんの気持ちがよくわかります。

1月31日　会う事が出来、胸が一杯に

宣政元気ですか。

会う事が出来、胸が一杯になりました。よくがんばっていてくれます事、本当に嬉しいです。帰りに四人で食事をして帰りました。

友佳の就職が決まったそうです。今まで夜十二時すぎに帰宅していたので、何時も案じておりました。どうか良い職場である事を祈っております。俊哉も近々面接があるとの事です。

二月の新月は「二月十日」です。心こめて祈って下さい。何時も良い方向へ向いますよう心こめて祈ります。身体には気をつけて下さい。

一月三十日

2月8日　糖尿病が重くなっているとの事

前略

内野先生よりのお電話で糖尿病*が重くなっているとの事承り大変心配しています。緑茶などのめないのですね。食事の時は野菜から食べるようにする事。運動不足が一つの原因と思います。私も行なっていますが、足ぶみを一回30〜50回位、足は出来るだけ高く上げるようにして下さい。ひざ曲げも同じように一日何回か行って下さい。健康を一番心配しておりました。継続は力なりといいます。大変でしょうが、がんばって下さい。薬も大事で

すが、食生活と運動が大切と思います。十分気をつけて下さい。

今日は雪降りとなりました。ひとみさんがさし入れに行く日*との事。大変と思います。友佳は三月から入社との事です。よき職場である事を祈ります。内野先生始め、皆さま、心暖かい方々で本当に一生けん命がんばって下さいます。有難い事で感謝で一杯です。

「二月十日新月」心から祈ります。身体の事、くれぐれも大事にと祈ります。　二月六日

＊糖尿病　父が２０１０年から患っている持病。拘置所内では月に1度、健康診断を受けていた。　**＊さし入れに行く日**　母は毎週水曜日に東京拘置所へ差入れに通っていた。拘置所内の窓口で衣類等の差入れ・宅下げを、売店で花・菓子類の差入れ注文を行っていた。

2月13日　人の道にそむくような事など、決してしない息子

内野先生より、ひとみさんにお電話頂き、宣政の体調の事いろ〳〵きかせて頂きました。本当に有難い事です。先生始め、皆様一生けん命努力して下さっています。感謝で一杯です。人の道にそむくような事など、決してしない息子である事は親の私が一番よくわかっております。横尾の息子です。まだ〳〵時間がかゝるようです。健康にだけは気をつけて下さい。私の友人でお茶の先生をしている方が、以前話しておりました。お茶の先生に糖尿病の方はないとの事でした。食事と運動に気をつけて下さい。いつまでも寒く、歩行がわるいです。ひとみさんは私によく気をつけてくれてとても嬉しいです。安心して下さい。友佳も

俊哉も元気です。大変でしょうが、がんばって下さいね。

二月十一日

2月某日 ＝ 勾留中の息子より母への手紙

お母さん元気ですか。

僕は言われた通り、モモ上げ210回を一日に2〜3回、足首上げ50回を2〜3回していています。かなりキツイですね。毎日、お月様や神様、仏様にお願いしてから眠っています。

買物や食事は、つらくなったら、ひとみに頼んで下さい。

酒を飲んで過ごした一年も、ここに居た一年も、経ってみたら大してかわりはないですね。その時がつらいだけです。瞬間、いやな感情がよみがえることもありますが、できるだけ過去を振り返らないように努力しています。

今月も、また会いたいですね。皆と別れた後で、いつも涙が出てきますが、しかたないですものね。差入れてもらった写真をみても涙が出てくるので時々しか見れません。皆は仲良く、できる限り楽しく暮らして下さい。

僕は、先生達が来ていただいてますし、それなりにここでの生活にも慣れてきました。羽田君と小野君はひょうひょうとしています（月に一度裁判所で顔を見ます）。たいした人達だなと感心します。僕が弱いのでしょうね。

毎週差入れてくれる花が楽しみですが、ひとみにも礼を言っておいて下さい。それと、友佳や俊哉のような優しい子供達に恵まれて幸せです。お母さんの手紙にもすごく励まされています。本当にありがとうございます。くれぐれも体を大事にして下さいね。

2月16日　血圧は大丈夫ですか

二月十四日に内野先生より、宣政の様子をお知らせ下さいました。とても嬉しく感謝で一杯です。元気だった由で安心しました。体操*も始めるとの事がんばって下さい。血圧は大丈夫ですか。気をつけて下さい。

十四日はバレンタインとかで、友佳から手作りのチョコレートを、おばあちゃんへと書いた袋に入れて頂きました。胸が一杯になり泣いてしまいました。やさしい家族に囲まれた幸せに感謝で一杯です。寒い日がつゞいております。歩行もよくなく早く暖かくなる事を願っております。ころびそうになるのが不安です。どうぞ身体大事にして下さい。

二月十五日

＊体操　独房の中で行うモモ上げ・足首上げ等の筋力トレーニングのこと。

2月22日　今日はさし入れの日

宣政元気ですか。

何時までも寒い日がつづきます。今日はさし入れの日とて、ひとみさんが俊哉の運転で友佳と三人で行きました。帰ってからスーパーに買いものに行くとかで私の分まで買ってきてくれとても助かります。よき家族に恵まれ幸せです。

宣政が元気に帰ってくるまで何としても私は元気でと思いがんばります。

先日、姫路の方から電話を頂き、皆とても案じてくれ、尋ねてくれる事は嬉しいです。きびしくつらい事と思いますが、皆宣政を信じております。神様も必ず守って下さいます。

宣政の健康の事のみ案じております。十分気をつけて下さいね。

二月二十日

2月27日　そばにいるように感じます

宣政の手紙、内野先生より頂きました。先生のおやさしいおこころづくし嬉しく感謝で一杯です。頂いた手紙胸に抱きしめ、しばらくよめませんでした。嬉しく思います。宣政がそばにいるように感じます。二十二日に友海が来てくれました。手作りの料理、果物その他いろいろこころづくしのものをとどけてくれました。よい家族、よき親族に恵まれた幸せを感謝しております。

俊哉も昭信の世話で就職が決り四月に入社との事です。ほっとしております。友佳は三月入社との事。良い事がつづきますよう祈ります。私は点滴にもがんばっていますが、今のところ良い結果は出ておりませんが横浜の先生の言葉を信じつづけてみます。

糖尿病には「豆腐」がよいときいた事があります。その方は米をやめ豆腐のみ食べられと聞きました。どうかわかりません。私は前にテレビで糖尿の方は野菜から食べると良いときました。運動は大変と思いますが是非つづけて下さい。必ず神佛の御加護があります。会える日を心をこめて待っております。身体くれ〲もお大事にと祈ります。　二月二十五日

3月4日｜帰りにはとても淋しく

宣政元気ですか。

面会日は会うまでは嬉しいのですが、帰りにはとても淋しく涙が出てしまいます。宣政は大変と思いますが、とても落ついてしっかりしていたので安心しました。まだ〱長びくとの事。精神修行の場と思いがんばって下さい。

私は点滴も十回すみました。なか〱良くなりませんが、先生の御厚意に感謝してがんばります。

宣政と会った後、ファミリーレストランで食事しました。お父さんの下で専務をして下さってた田中さんが毎年送って下さるイカナゴのくぎ煮を今年も沢山送って下さいました。

二十年以上たった今も皆さん忘れず大事にして下さる事は、嬉しいです。お父さんの人徳と思います。

糖尿は心配ですが身体にはくれぐくも注意しがんばって下さい。何といっても宣政が一番大変と思いますが、家族の為、何とかがんばって下さい。身体くれぐれも大切にして下さい。

三月の新月は「十二日」です。

三月三日

3月12日 一日も早く青天白日の身となり

宣政元気ですか。五月に友海が手作り料理を沢山持参してくれました。この度は歩行が出来る時間だったので、とても良かったのですが、大学へ行くとかですぐ帰りました。大学の先生も、なかなく忙しいそうです。

友佳は三月四日から、新入社員として通勤しておりますので安心して下さい。

先日テレビで糖尿病の話があり、とても良い薬が出たそうです。のみ薬（DPP4阻害薬）注射（GLP受容体作動薬）注射は胃腸障害があるとのこと。最近テレビで「クルミ」を毎日少量食べるとよいという事でした。でも運動はやはり大切との事です。暖かくなり部屋の暖房はやめております。一日も早く青天白日の身となり、会える事を祈っております。

内野先生、皆様の暖かいお心に何時も感謝で一杯です。身体にくれぐれも気をつけて下さい。

三月十日

3月18日　嬉しいお電話

宣政元気ですか。内野先生から十四日に良い事があったとの嬉しいお電話を頂きました。長くかかるけれど、がんばって長生きして下さいとのやさしい先生のお言葉に泣いてしまいました。苦しい中にも幸せな自分に感謝しています。暖かったり、寒かったり、気温の変化がはげしいので、よく気をつけて下さい。家族皆元気です。安心して下さい。私は皆に迷惑をかけぬようにとねがっております。暖かくなったら少しはよくなるかと思っております。くれぐれも身体大切にして下さい。乱筆おゆるし下さい。

三月十五日

3月20日　勾留中の息子より母への手紙

お母さんお元気ですか。

今日は祝日なので、部屋から一歩も出られません。運動は少しずつ量を増やしていますが、足踏みは響くから、相当気をつけないと迷惑をかけてしまいます。でも、音をたてないようにモモ上げをやると、普通よりハードになって良いかもしれません。

毎日午後4時が夕食なので、今食べ終ったところです。

先週血液検査があり（月曜日）、まだ結果が出てきません。悪い人ほど早く出るようで、前回は2～3日後でした。だから少しは薬と運動が効いているのかもしれませんね。

でも、精神的にはものすごく変動が大きく、今日はかなりきつい状態が続きました。物的証拠など、かなり有利なものも先生が見つけてくださっていますし、一年間考え続けて、主犯達の供述の矛盾や、完全な嘘も一杯見つけました。何しろ、供述書約100人分で（積み上げたら4mぐらいになります）、やっと本当に事件の内容を理解したぐらいですから、10ヶ月ぐらいですね。しかし、一日に約7～8時間は最低でも裁判について考え続けているので（長い日は起きている間ずっとです）、考えが何も浮かばなくなったり、壁にぶつかったりすると急にパニックに陥ってしまいます。自分がいかに弱い人間かが良くわかりました。野村のときは、逆境にきわめて強かったのですが、この環境は全く違いますね。

裁判の見通しは少し明るくなってきましたが、検察側の証人への質問だけで1年近くかかりそうですし、その後で我々の証人への質問が始まります。たぶん1～2年かかるぐらいのものになりそうですから、その間、拘置所にいるのかと思うと頭がおかしくなりそうです。しかし絶対に勝たないと全ての資産も失いますし、家族全員に申し訳がたちません。

今、どこかの部屋から相撲の放送（ラジオ）が聞こえてきたから5時になったのですね。ひとみには毎週きれいな花を入れてもらっていますし、感謝しています。友佳ちゃんも働き始めたようですが、頑張るように伝えて下さい。俊哉も良いところが決まったようで、安心しています。3人にくれぐれもよろしく伝えて下さい。必ず勝って帰るからと言っておいて下さい。

できれば家から裁判に行ければ良いのですが、相手も必死だから、このようなゴウモンのようなやり方でやってくるのですね。手錠と腰ひもで裁判所の部屋に入っていくのは、嫌でたまりませんが、そのくらいしか能のない連中を相手にしているので、しかたないですね。

たぶん5月15日から始まると思いますが、もう少し遅くなるかもしれません。何しろすさまじい証拠量ですから先生一人で探すのは大変です。ダンボール600箱（我々に関するものだけで）と検事は言っていましたが、パソコンのメモリー（USB）も大量にありますから、これ一個だけでダンボール1箱どころではありません。的をしぼって、探していただくしかないのでしょうね。相手は100人で調べたらしいですが、それでも限られた時間だったので完璧には見ていないと思います。

時々、皆の写真を見ていますが、一度見ると涙が止まらなくなるので、たまにしか見ないようにしています。

最後に、体だけは大事にして下さい。僕の年齢でも数ヶ月座りっぱなしでいただけで、歩けなくなりましたし、階段は支えてもらっていました。最近は、大分筋肉もついてきて、もう大丈夫です。だからお母さんもパーキンソンではなくて極度の運動不足がたたったんですよ。でも今更筋トレなんかしてケガをしないで下さいね。

考えてみたら、この10年間、お母さんもテレビと電話があるということ以外は広い拘置所にいたのと同じだったのかもしれません。そのお母さんを放ったらかしにしたバチが当たって、今この中に居るのでしょう。今まで平気だった羽田君が、急に精神的におかしくなってきているらしいので心配ですが、その分僕が頑張ります。僕らが経験してきたことだし、先生だけだと体がもたなくなってしまいます。だから、少しでも役に立つようにと思ってやってきました。何とか気持ちがもつように、狂わないように、そして絶対に勝つように努力します。

次に会えるのを楽しみにしています。友佳と俊哉は仕事だからお母さんとひとみの2人だけでしょうね。必ず補聴器をしてきて下さい。

では、そろそろ寝る準備をして布団に入ります。一日で一番楽しみな時間です（先生との接見は別にして）。皆によろしく伝えて下さい。

3月25日　神様佛様はきっと

宣政元気ですか。

今日は昭信、紀子さんが仏壇におまいりに来てくれました。俊哉も友佳もいましたので、皆で話をする事が出来てよかったです。昨日、二十二日夕方五時頃、内野先生よりお電話頂き、宣政の様子きかせて頂きました。よくがんばっていると思い、嬉しく安心しました。

桜の花も満開との事です。暖かくなるのをまっています。正しい道を歩んできた者には、必づ神様佛様はきっと〳〵守って下さると信じております。どうか身体を大切に日々過して下さい。糖尿病も良くなったとの事、嬉しいです。

三月二十三日

3月27日｜声を出して泣いてしまいました

宣政、手紙を有難う。胸一杯になり、しばらく声を出して泣いてしまいました。正しい者は必づ勝ちます。神様は見ていて下さいます。内野先生始め、皆々様の御努力に、私は毎日感謝の心で過しています。

1～2年かかるとの事、本人の苦しさ、くやしさを思うとたまらなくなりますが、母は宣政が勝利し元気に帰ってくるまで、絶対がんばります。安心して下さい。

お父さんの長い病気の間の苦労した事を思います。でも全快し、その後社長となり、会社を大きくしました。新しい事業も成功しました。又、兵庫県姫路市のためにも様々な貢献をし20年たつ今も皆様から尊敬と愛情をもたれているお父さんの事を思います。きびしいお父さんが期待されていた宣政です。精神的にきたえられた本当の宣政として苦しみをのりこえ、よろこび会へる日の一日も早い事を神様にお祈りしております。

昨日、ＮＨＫテレビで糖尿病の事みました。ヘモグロビンは6・9未満がよいとの事です。急げきな運動はしない方が良いとの事です。血糖値は出来るだけ早くから下げる事が大切との事。食事はぬいたりしないで、時間にきちんと食べろとの事。検査は大切な事とのようです。よくして下さいますか。今日横書きにしました。今までの方がよろしいか？　病気のため字が書きづらくすみません。身体くれぐれも大事にして下さい。

3月26日

3月30日　あれから一年すぎました

宣政元気ですか。

内野先生より、お電話頂きました。何時も心くばりして下さって嬉しいです。先生からお電話頂くと、とても元気になります。どんなにか、つらく、くやしい事かと思いますが、がんばって下さい。昨日、友海が夕食をとどけてくれました。嬉しいです。NHKで糖尿病の事が出ました。注意する事は、「果物、揚げもの」「清涼飲料水、アルコール」「ごはん、パン」のとりすぎに十分注意する事。野菜を十分とる事。糖質制限をする事。心がける事は〝体重測定〟〝血圧測定〟〝血糖値測定〟との事です。

友佳は元気に通勤しています。俊哉は4月1日から出社するそうです。私の居間の前の庭に、ひとみさんが何時も花を美しく咲かせてくれ嬉しいです。

4月の新月は「10日」です。心こめて祈って下さい。あれから一年すぎました。先の事を考えるとたまりませんが、今年も3ヶ月すぎました。心を一つにして、皆でのり切りましょう。私は少し歩ける時間が長くなったように思います。横浜の先生が3月頃から少し良くなると言われた事を思い出し、本当にそうなれば嬉しいですが…　余りあせらずがん

はります

身体にくれぐれも気をつけて下さい。乱筆ですいません。

3月29日

4月2日 ≡ 勾留中の息子より母への手紙

今日は6ヶ月に一度の部屋がえ*でした。書類を積めば9・5mぐらいあります。それに本や、便箋*（14冊）、罫紙（7冊）、レポート用紙（7冊）、ノート（3冊）。これらは使っていないものですが、昨日一日でも便箋一冊使っていますし、必要なものです。方眼紙（2冊）もありました。とにかく大変な引越しでした。

すごくユウウツでしたが、午後はホッとして書類を見ています。係の人がすごく親切で、腰をいためたら大変だからと言って、大半重いものは運んでいただきました。この部屋を選んだ*のも、いろいろ考えてのようですし、皆さんとても親切です。気分一新で、スウェットも新しいのに変えて、今日はめずらしく気持ちが落ち着いています。

部屋からは少しだけ外の景色が見えています。だからこの部屋にしていただいたのだと思います。と言っても駐車場が5～10cmのすきまから見えて、高速が車一台分ぐらい見えるぐらいですが。5～10cmのすきまといっても2～3m先のすきまから、ななめに見るので、わずかに見えるという状況ですが、それでも地面が見えるのは嬉しいです。

友佳ちゃんは仕事に慣れましたか。俊君は昨日からですね。つらいと思いますが、自由に歩けて大きな空が見えて、好きなものが食べられるだけでも幸せだと思って頑張って下さい。

僕は突然発狂しそうになるときがありますが、何とかこれ以上きつい薬を飲むのをガマンして耐えています。この間は俊君が来てくれたようですが、きれいな花をありがとう。友佳ちゃんは、あまり考えすぎないように。だから精神的につかれてしまうのだと思います。精神的に苦しむのは一家に一人で充分ですから。

ひとみも毎週大変だと思うけど、本当に木曜日の差入れが楽しみです。ただ少し暖かくなって、花のもちが短くなってきたのが残念です。枯れた花を捨てるときは、何ともいえない気分になります。来週は紺色のスウェット宅下げしますから宜しくお願いします。差入れで、魚肉ソーセージなんかないでしょうね。（パクチしたのではなく）くんせい王子もお願いします。カシューナッツはとてもおいしいです。勝手ばかり言ってすいません。

お母さんは、少し長い時間歩けるようになってよかったですね。それからガンの検診だけは必ずお願いします。今、お母さんが病気になったら、もう精神的に持たなくなりますから。皆も体に気をつけて下さい。時々皆の写真を見るのですが、涙が出てくるので、たまに見ることにしています。

僕は考えるテーマがあって、見通しが明るくなった時に一日中頭を使っているのが一番落ち着いているようです。でも、もうすぐ59才ですからね。トータルで、考える力は、かなり落ちているのが自分で良くわかります。この事件は長い年月のものですが、よく考えれば、それぞれの事象が無関係のようでいて皆つながっているのです。だから、その関連性を確実なものにし、その中にいくつかの真実を見出せれば、完全に証明できると思っています。要するに完璧な帰納法での証明が必要なのだと思います。全く関係のないように見えるそれぞれの行為を確実につなぎ合わせながら、物的証拠を見つけるのです。完全な証明のパターンはいつくか考えついているのですが、それを完成させるための事実（たとえば銀行の入出金表）で最も重要なところが手に入らないとかで悩んでいます。何とか先生方のお力をお借りして3人が無罪で社会に戻れるように祈っていて下さい。

来週の月曜日は裁判所に行きます。また手錠に腰なわで、バスに乗って行きますが、何とか耐えるように頑張ります。では、また手紙を書いて先生にPCに入れてもらいますから、そっちからもくださいね。筋トレはしていますから安心していて下さい。季節の変わり目ですから、くれぐれも皆、体に気をつけてください。次に会える日を楽しみにしています。

4月2日

***部屋がえ**　受刑者が壁に穴を開けたり物を隠したり窓に細工したりしないよう、東京拘置所では半年に一度、同一フロア内で全部屋の引越しを行う。　***便箋**　差入れ書類（裁判資料）の検証、証人尋問の質問文作成、計算など、父は毎日大量の紙を消費していた。中で購入できる生活用品の上限が決まっている為、毎週あらゆる用紙を買えるだけ買って

いた。

＊部屋を選んだ　父の居たフロアの中で「最良の二部屋」を部屋がえの度に父は往ったり来たりしていた。

4月4日　明るく良い事を考える

宣政元気ですか。

今日久しぶりに多田さんと電話で話しました。新月の神様に祈る時は、必づ勝利します、有難うございます、というように肯定的に言葉に出して祈るよう言われました。こうありますようにと言う事は、いけないとの事。必づこうなりますと肯定的に祈る事が大切との事です。必づ勝利します。私は心に固く信じます。心が大分楽になりました。明るく良い事を考へる事が大事です。私自身歩けると信じ祈ります。

10日の新月は夜7時頃との事です。祈って下さい。身体大切にして下さい。

4月5日　気づかいの出来る本当に良い孫

宣政元気ですか。

毎日がどんなにくやしくつらい事かと思いますが、家族のためがんばって下さい。

俊哉は会社が近いので、午前8時30分ごろ出かけます。良い職場でありますよう祈ります。

気づかいの出来る本当に良い孫です。何時もやさしく声をかけてくれ嬉しいです。友佳は8時頃出かけています、大分馴れたようです。ひとみさんはパートの仕事をさがしています。皆がんばっております。

私は迷惑をかけぬようにと思いますが、だんだんひとみさんの世話になる事が多くなりますが、何時も心よくきいてくれ嬉しいです。

一日も早く家族皆でくらせる生活になれますよう、祈る毎日です。

今日は甲子園で高校野球の準決勝です。昔、佐賀高校が出場した折、貝原知事にたのまれ応援に行った事を思い出しました。なつかしいです。

長く時間がかゝると思いますが、心を強くもちよろこび合へる日まで皆でがんばりましょう。身体大切にして下さい。乱文ですみません。

4月8日　面会に行けぬのが、とても淋しい

宣政元気ですか。

家族4人元気です。安心して下さい。俊哉、友佳は元気に通勤しております。

昔、お父さんが秋の褒章*を受けられ、皇居に伺った事をふと思い出し、とても大変でしたが良い時代でした。

友海は忙しいのに、とても良く気くばりしてくれます。宣政も必づ私に幸せを与へてくれ

ると信じております。大変と思いますが、絶対がんばって下さい。正しい者は必づ神様が守って下さいます。御近所の方もやさしく気くばりして声をかけて下さいます。

俊哉の就職で車が使へず、面会に行けぬのが、とても淋しいですが辛抱します。

宣政の健康が心配です。時々身体検査などして下さるのでしょうか。気をつけて下さい。

新月は10日です。忘れぬように。

＊秋の褒章　旭日単光章。

4月19日 何としても最後の勝利まで

宣政元気ですか。

ミャンマーのアウンサン・スーチーさんが来日され、ＮＨＫで話されました。どんな時にも勇気を持って行動する事が大切との事でした。ずい分長く15年位とらわれの身とは、とても信じられぬ強い力と心を持たれ、りんとした態度に頭が下ります。

精神的にくるしくなると思いますが、決して負けないで下さい。私は何としても最後の勝利の日までがんばります。宣政が一番大変ですが、元気にがんばって下さい。日々、ひとみさん、孫達の思いやりとやさしさに幸せを感じ、くらしています。安心して下さい。

4月18日

4月23日　皆がどうしてもと誘ってくれ

宣政元気ですか。

私は17日横浜へ検診に行きましたが、その結果を20日に病院から知らせて頂きました。異状なしとの事。本当にほっとしております。安心して下さい。

20日ひとみさんの誕生日に4人で焼肉を食べに行きました。私は歩行がむづかしいので、ことわったのですが、皆がどうしてもと誘ってくれ、ひとみさんによりそって頂いて無事行きました。行って良かったと思います。気分転換のせいか歩行も大丈夫で楽しくすごせました。

一日も早く家族5人で行ける日のくる事を祈りました。良い家族に恵まれた幸せを感謝しております。宣政の事を思うと胸が一杯で、涙が出てきます。家族のため、どうか、がんばって下さいね。健康の事が心配です。大丈夫ですか。暑かったり寒かったりです。身体に気をつけて下さい。

4月22日

4月30日　前の道を白い車が通ると

宣政元気ですか。26日午後5時すぎに、内野先生よりお電話を頂き、元気にしているとの事、安心しました。今後、長い時間がかかるとの事ですが、正義のためがんばって下さいね。私は出来るだけ歩くようつとめます。宣政が勝利して帰ってくるまで健康に心がけて、すごします。

前の道を白い車が通ると、ふと宣政が帰ってきたのかと思う事があります。

5月の新月は「10日」です。心こめて祈って下さい。

5月22日は宣政の誕生日です。勝利と健康を心こめて毎日祈っております。

ひとみさんが今（午前10時30分）焼いもを買ってきてくれました。何時も心にかけてくれます。俊哉も友佳もやさしく声をかけてくれます。私には何よりのなぐさめです。大変と思いますが、心を強くもってがんばって下さい。乱筆ですみません。

4月27日

5月1日　どんなに長くかかっても私は大丈夫

宣政元気ですか。

28日（日曜日）ひとみさんが誘ってくれて4人で近くのファミリーレストランへ夕食を食べに行きました。やはり出かけると、気分も良く楽しく過ごす事が出来ました。

29日は龍からデンワがあり、一家で来ると言ってくれたのですが、とても歩行のむづかしい時で、折角でしたがことわりました。皆やさしい心で本当に感謝で一杯です。

どんなに長くかかっても私は大丈夫です。宣政が一番くるしいと思いますが決してへこたれぬよう、強い心でがんばって下さいね。

どうか、健康にはくれぐれも気をつけて下さい。乱筆乱文すみません。

4月30日

5月3日｜無性に会いたくて

宣政元気ですか。

ずい分長く会ってないですね。無性に会いたくて涙が出そうです。

しばらく気温が低く、歩行も良くないです。気分を明るくもつよう、つとめています。

昨日（5月1日）ひとみさんは、さし入れに行きました。私も健康ならせめて宣政の居る場所へ、行くだけでも行きたいです。

内野先生始め、皆様の御努力で一日も早くよろこび会へる日のくる事を心から祈ります。

どうか気持を強くもって、がんばって下さい。健康が何より大切です。十分気をつけて下さい。家族のやさしさで私はとても幸せです。安心して下さい。

5月2日

5月某日｜勾留中の息子より母への手紙

お母さん、2〜3日に一度手紙をもらっていますが、本当に有り難うございます。

今は、一日中考えたり、書いたり、読んだり（裁判の資料）で、本もほとんど読んでいません。またそんな気にもなりません。まだ裁判は始まっていませんが、何とか証拠を手に入れることに集中しています。本当に始まると、証人ジンモンだけでも2年ぐらい*はかかると思いますし、どうかして短時間で終らせることが、今一番重要なことと考えています。でないと3人とも精神的に持たなくなってしまいます。

毎日同じ書類を（すごい量ですが）見ていて、もうこれ以上は何も見つからないだろうと思っていても、不思議なことに、今まで全く気がつかなかったことに気がつき、それをきっかけに全く違う部分が見えてきたりします。ここまでにわかってきたことは、オリンパスや監査法人、LGT銀行は、検察やマスコミの言っているような関係ではなく、信じられないようなことを共犯として行なっているということです。たぶん捜査当局は金融のことは全く素人なので、全然気が付いていないのでしょうね。我々がそれを裁判で立証すると、世の中がひっくり返るような大騒動になると思います。それを完全に立証するための証拠の提出（開示）を求めているところです。通常のやり方では、出してこないのでかなりハードな作業が必要になります。

しかし、少しずつ、たとえば僕のサインのニセ物*などが出はじめていますし、明らかな書類の偽造*もでてきています。毎日、とても苦しいですが、新しい事を発見した時は、アッという間に、一日が過ぎています。多い時は、一日に便箋100枚ぐらい使っています。先生に見つけたことや、新しい考え方を送らなければなりませんから。何しろ、やってないと言っても、この事件の一番近くに居たのは僕達3人であり、その僕達が考えないと、何も前に進みません。

ところで、話はかわりますが、必ずメンエキ治療は月に一回やって下さい。もしお母さんが再発したりしたら、僕もその時点で全てをあきらめ、何もできなくなってしまいます。これだけは兄貴に無理を言ってもかまわないと思っています。体には充分気をつけて、明るく考えて下さい。

＊証人ジンモンだけでも2年ぐらい　証人尋問は約60人を予定していた。　**＊僕のサインのニセ物**　リヒテンシュタイン銀行（ＬＧＴ銀行）東京支店の臼井康広氏が様々な契約書類に父のサインを偽筆していたことが発覚した。　**＊書類の偽造**　オリンパスの投資信託（ＧＩＭ－Ｏ）の運用を父の会社グローバル・カンパニー（ＧＣＩ）が行うという契約書を臼井氏が偽造し、そこに父のサインを偽筆していた。

5月4日　やましい事の出来ぬ性格はお父さんゆづり

宣政元気ですか。

5月2日午後4時すぎ、内野先生よりお電話頂き宣政の手紙をよんできかせて下さいました。私の想像以上に大変な毎日の様子、胸がはりさけそうでした。宣政達の無実が一日も早く明らかとなりますよう、心から祈り願っております。2年もかかるとの事ですが、真実があきらかとなる為ならたえます。宣政達が世間にわかって頂くための試練と思います。

私の病気は大丈夫です。安心して下さい。

お父さんは会社で宣政の事はとても嬉しそうによく話していたと、専務の田中さんからききました。今の宣政をきっと見守っていて下さると思います。やましい事は、決してゆるさぬお父さんでした。宣政は仕事にきびしく、やましい事の出来ぬ性格はお父さんゆづりと思います。身体に気をつけて、最後の勝利の日までがんばって下さい。

先日「新月」の神様の事「10日」と申しましたが「11日」が正しいので訂正します。身体にくれぐれも気をつけて下さい。

5月3日

5月8日 何をする時も皆一緒に

宣政元気ですか。5月3日昭信夫婦、龍一家、健一家の9人で来てくれ、楽しく明るい一時をすごしました。皆仲良く、みていてとてもほほえましい一族です。昭信の考へ方と思いますが、何をする時も皆一緒にというのは、とても良いですね。

5月6日友海が手作りの煮物、果物、その他沢山持参してくれました。学校へ行くとかで、すぐ帰りましたが、嬉しくてつい泣いてしまいました。しばらく何も作らず御馳走になります。

宣政の事を思い、日々すごしております。どうか家族のため、勝利の日までがんばって下さい。内野先生の御努力が一日も早く実りますよう、心から祈っております。身体くれぐれも大事にして下さいね。乱筆ですみません。

5月7日

5月11日　皆様の御努力にも感謝で一杯

宣政お元気ですか。

9日午後5時40分頃、内野先生よりのお電話でとても良い事*があったとの事。嬉しくてしばらく涙がとまらなくて…

勝利の日までがんばりましょうね。内野先生のお心やさしい思いやりに私は心から感謝で一杯です。厚かましくお電話しても、お忙しいのに何時もやさしくこたえて下さいます。

田渕先生始め皆様の御努力にも感謝で一杯です。

先頃まで寒かったのに、昨日、今日は真夏日とか。暑くなりました。一日も早く会いたいですね。

今日は新聞などゴミを出す日でした。以前にころんだので、最近はひとみさんが出してくれて大助りです。家族皆元気です。安心して下さい。

11日新月の神様は、きっと助けて下さると思います。身体に気をつけて下さいね。

5月10日

*とても良い事　臼井氏の偽筆のこと。

5月16日　友佳から美しい花束とチョコレートを

宣政元気ですか。

12日（日曜日）母の日で友佳から美しい花束とチョコレートを頂きました。やさしい孫です。

宣政からも何時も頂いていた事、思い出しております。なつかしいです。

私は遠出は出来ぬので留守番をして、ひとみさん、友佳、俊哉の三人、車で出かけました。

とても良い天気でした。

晴天になると夏日のような暑さです。水分を十分とるよう気をつけて下さい。

ずい分長く会っていませんね。今は何事も辛抱と思いがんばります。

5月22日宣政の誕生日です。心ばかり、ひとみさんにさし入れて頂くよう、ことづけました。

私の事は大丈夫です。何時もひとみさんがよく気をつけてくれるので安心して下さい。出来るだけ身体をうごかすよう気をつけて下さいね。くれぐれも健康の事、気をつけて下さいね。心を強く持ってがんばって下さい。

5月15日

5月20日　裁判が始まるとの事

宣政元気ですか。

6日（木曜日）内野先生からお電話頂き、元気の様子、安心しました。先生からのお電話嬉しく胸が一杯になります。裁判が始まる*との事。どうか心を強くもって正々堂々とがんばって下さい。

17日紀子さんが久しぶりに来てくれました。いろいろ持参して頂きました。昭信夫婦は佐賀へ10月に行くとの事です。昨年は息子、孫9名で行きましたが、大変だったようです。私達も家族で、佐賀へ行ける日が一日も早くと祈っています。

ひとみさんが庭の花の植えかえをしてくれ、とても美しくなりました。心がやすまります。ずい分長く会ってませんね。健康には何卒十分気をつけて下さい。つらい日々と思いますが、皆でがんばりましょう。

5月19日

＊裁判が始まる　当初、刑事裁判の初公判は7月17日の予定だった。

5月22日　お誕生日ですね

宣政元気ですか。

5月22日はお誕生日ですね。心から健康と幸せを祈っております。様々の事を思い出しています。

内野先生から良いお話しのきける事を祈り乍ら、日々過しております。これから裁判が始まるとの事ですが、大変と思いますが、健康に気をつけてがんばって下さい。

5月21日

5月24日　裁判が始まれば、健康が大事

宣政元気ですか。

宣政の誕生祝と思い、私は3万円を15日にひとみさんにたのみ、さし入れて頂きましたが、受けとって下さったと思います。宣政に報告するようひとみさんからいわれましたので、したためました。身体は大丈夫ですか。

テレビで糖尿病にウーロン茶が良いとの事でした。もし、入手出来ればのんで下さい。家族4人、宣政が元気に帰ってくる日を待っています。裁判が始まれば、健康が大事です。気をつけて下さい。正しい者は必ず神様は守って下さいます。

5月22日宣政の誕生日の日は東京スカイツリーの開業一周年の日で、すごい人出だったようです。ひとみさんが何かと気をつけてくれますので、私の事は心配しないで下さい。会いたいですね。

5月23日

5月30日　7月から裁判との事

宣政元気ですか。

裁判の事が何より気になります。どうか一日も早くよろこび合える日のくる事を心から祈っております。

ひとみさんにはいくらお礼を言っても言いつくせぬ思いです。家族皆さんで楽しくしておられるテレビをみるのは、とてもつらいです。

7月から裁判との事。是非出席*したいと思います。

今日は、新しいスリッパをひとみさんが買ってきてくれました。古くなるとすべり易く危いです。先日食器棚の前でころんで扉が破損し修理して頂きました。十分気をつけているのですが、ころぶ時は一瞬で分かりません。

関西が梅雨入りとの事です。少しでも内野先生から良いお話しがきけた日は、歩行も調子がよいようです。まだまだいろんな事があると思いますが、内野先生、皆々様に助けて頂いて、よろこび合へる日のくる事を心から祈っております。御身御大事にして下さい。

5月29日

＊出席　傍聴のこと。

6月4日　苦しい生活をしている宣政の事を思うと

宣政元気ですか。

関東地方も梅雨入りとの事ですが、晴天がつづいています。

6月の新月は「9日」です。心こめて祈って下さい。

先日介護保険の方が来られた時、出来るだけ歩く事をすすめられましたが、なかなかむづかしいです。くるしい生活をしている宣政の事を思うと、私はどんな事も辛抱出来るように思います。家族皆元気です。安心して下さい。

今月は（6月22日）私の誕生日なので、皆で食事に行こうと思っています。よき家族に恵まれた私は本当に幸せと思います。

7月から裁判との事、必づ神様は守って下さいます。健康に気をつけて勝利の日までどうかがんばって下さい。

6月3日

6月某日 ≡ 勾留中の息子より母への手紙

お母さん、今月は誕生日ですね。

6月22日は、思いっきり楽しんで下さい。

ところで、先月の3万円は有り難うございました。助かっています。

今まで、一年以上毎日考え、一杯書いて先生に送り、頑張ってきたつもりですが、どうやら頭も精神力も忍耐力もそろそろ限界が来たようです。論理的に考えようとすると、壁にぶつかり、気が変になってきます。目をつぶっていると頭に膜が張ったようになり、時々鼻血が出てきます。ウトウトすると、変な夢ばかりで、身の置き場がなくなってきます。

一番落ち着いているのは、一つのことを集中して考えている時ですが、そろそろそれが逆効果になりはじめました。一日で一番楽しみなのは、お祈りしてから布団に入ることです。今までは10時間以上考えて、10時間以上布団に入っていました。今は早い時は、夕方の6時頃に布団に入り、できる限り何も考えないようにしています。本当に一年必死で考えてきましたが、それをベースに先生が意見書としてまとめていただいたものを読んでみると、結局この程度しか考えられなかったのかと胸が苦しくなります。

お母さんからは、2〜3日に一回も手紙をもらい本当に感謝しておりますので、いつまでも元気にしていて下さいね。ころばないように注意して下さい。では、また内野先生を通じて連絡させていただきます。

6月11日　カーテンの洗濯をしてくれました

宣政元気ですか。

今日（9日）ひとみさんが、自分から申し出てくれて、朝から部屋のカーテンの洗濯をしてくれました。ずい分大きいので、とりはづしも大変ですのに気持よくきれいにしてくれました。新しいものと、とりかえねばと思っていましたので、本当に大助りしました。すっきり、とてもきれいになりました。私は嬉しくて泣いてしまいました。

今日は「新月」でしたので、すべての苦しみが洗いながされたような気持になりました。きっと良い事があると思います。苦しくつらい日々の宣政の事は、一時も忘れる事はありません。家族の為、たえぬいて下さいね。くれぐれも身体を大切にして下さい。　6月9日

6月14日――6名程が来宅。家宅捜査を

宣政元気ですか。11日（火曜日）突然、検察の方、6名程が来宅。家宅捜査*を午前9時から午後3時まで行いました。びっくりです。新聞、テレビにも当日出ましたので、友人達、心配してデンワをかけてくれました。7月から始まる予定だった裁判のひきのばし作戦と私は思います。内野先生達はすばらしい資料を一杯入手されているので、こういうやがらせをしているのかと私は考へました。長くなると思いますが、気持をしっかりもち正々堂々と戦って下さいね。神様が必づ助けて下さいます。ひとみさん、友佳、俊哉も皆カーテンを洗ってもらって部屋がとても明るくなりました。

元気でしっかりしております。

勝利の日まで皆でがんばりましょう。身体お大事にして下さい。　6月12日

＊家宅捜査　これで3回目。1回目は逮捕前の2011年末。2回目は逮捕時の2012年春。

6月某日 ＝ 勾留中の息子より母への手紙

手紙ありがとう。いろいろあるけど、何とか必死で頭を動かしています。

一時、小野のPCの件*で落ち込みましたが、冷静に考えを組み立てていくと、我々の主張の証明になるかもしれないことがわかってきました。たぶん検察は最後の持ち札を使ったのだと思います。田渕先生と考え抜いて、予定主張書面*（3）～（5）を出したら再々逮捕*されてしまいました（全部で200ページぐらいのものです）。時間稼ぎ（彼らが知らなかったことばかりだったので、今ニセ・サインなどについて初めて調べていますし、山田*や臼井*が全く違った供述をしていたので帳尻あわせをしているのでしょう）と、臼井に聞いて小野のPCを押収したかったからの再々逮捕だったのだと思います。オリンパスの山田達もいろいろ聞かれていますが、あそこまで悪人だとは思いませんでした。一喜一憂の毎日ですが、この一件のおかげで、よけいに歩が良くなったような気もしています。

こんどの件で、裁判は2～3ヶ月以上遅れますが、かえってこちらも考える時間ができたことと、前もって相手の切り札がわかったことは良かったと思っています。検察に対しては前よりキツイ予定主張書面をまた別に出すつもりです。

お母さんは毎日のように手紙をくれますが、本当にありがとうございます。ここまで来たら、羽田と小野も助けにいかなければと思っています。何とか彼らにも頑張ってほしいのですが中々むずかしいですね。でも必ず証明できるやり方はあるはずです。数学と同じで、正解は一つですから、論理的に考え続けています。

ひとみ、友佳、俊哉にもよろしく伝えて下さい。ナナもかわいくなったでしょうね。それから、二階が誘ったら必ず一緒に食事に行って下さい。逆にお母さんから誘ってくれるぐらいになってくれると嬉しいです。車イスでも何も恥ではないですよ。そこまで元気に生きてきていることに自信を持って下さい。

＊小野のPCの件　父や羽田さんが知らされていなかった内容の記録が小野さんのパソコンから見つかった。その内容とは、Ｎｅｏという簿外ファンドのファンド運用者（ジェネラルパートナー＝ＧＰ）の下請けを小野さんが担っており、元請ＧＰのガードン社（ＬＧＴ銀行取締役のウォルチ氏が設立した会社）からＮｅｏの成功報酬の分配を受けていたというもの。　**＊予定主張書面**　裁判が始まる前に、弁護士が主張しようとしている内容について書いて提出するもの。　**＊再々逮捕**　組織犯罪処罰法違反（マネーロンダリング）の容疑。実情は、臼井氏と山田氏の供述調書を作り直す時間稼ぎの為の逮捕だったと考えられる。　**＊山田（氏の供述）**　山田氏は検察の取り調べで、臼井氏のうつ病がオリンパスの粉飾隠ぺいに起因するものだと横尾から脅され、口止め料を支払ったと供述していた。しかし医師の診断書などから、うつ病の発症が送金より半年以上後だったことを見つけ、弁護士が予定主張書面で指摘した。　**＊臼井（氏の供述）**　臼井氏は検察の取り調べで、ＬＧＴ銀行に代筆制度が無い（真筆以外は認めない）旨、また自身も真筆以外を受け入れたことがない旨を供述していた。それに対して、父の弁護士が臼井氏の偽筆について予定主張書面で指摘した。

6月19日｜1日も早く裁判が始まり

宣政元気ですか。

今日は朝から晴れて暑い一日となりました。私は、宣政が一生けん命がんばっていた、デンシレンジ用の容器で、毎日の料理に大助りしています。身体の不自由になった私は、重い鍋など使へません。野菜の塩ゆで、煮物、焼魚、焼肉など、すべてに利用し、短時間であっという間に出来上り、後始末も大変簡単で軽く、使う度に、何時もがんばっていた宣政の事を思い出します。高級なものでなく一般的なものを主にしたらよかったかもわかりませんね。スタッフに女性の方（少し年をとられた方）が入っていた方が、よかったかも知れませんね。

1日も早く裁判が始まり、勝利する日が一日も早い事を神様に祈っています。身体くれぐれも大事にして下さい。家族皆元気です。

6月17日

6月某日‖勾留中の息子より母への手紙

先週はかなり精神的に不安定でした。しかし、田渕先生とも相談し、今、我々がやらなければならない事に専念することに決めたら何となく落ちついてきました。事実だけ（記憶に頼らず）を論理的に積み重ねていき、物的証拠を検察にぶつけていったら再々逮捕されたのですが、それに加えて、検察が捜査ミスを犯していたことをゴマかすために考えられないような馬鹿な書面を提出してきました。そのためにまた裁判が遅れるので、裁判長はかなり立腹されていたようです。その上、これが最後ですよねと念を押された検事が、弁護士さんがこれから出してくる書面次第ですというきわめて馬鹿げたことを言ったので、よけいに裁判長をおこらせてしまいました。それを聞いた瞬間、僕も自分の耳を疑いました。

要するに田渕先生が、検察の気がついていない事や、気がついていない物的証拠を出してくることをおそれ、その場合には体裁をつくろわなければならなくなるからです。この間検察が出してきた書類は体裁をつくろうどころか、完全な失策だったと思います。たとえば一例が、僕のニセ・サインをした奴が認めているのに、検察はその行為を代筆と何回も言っているのです。

これは完全に犯人を隠秘し、証拠につながるものを偽造してしまったことになりますから、考えようによると検察が犯罪をおかしたことになるのではないでしょうか。

この2〜3日で百数十ページの書面を作りました。それに前から先生に送っているものも合わせて、検察にとってかなりきびしい書面を提出する予定です。そして、今までの事実をもとにした推論（今までは皆まさかそんなことと思っていたようなこと）が、一つ一つ証明され、それが真実であることも見えてきました。小野についても、彼が作っていた資料や、僕の了解もとらず勝手にかわしていた数々の契約書などを論理的に考え推論を立てています。次の公判前整理手続*までには、必ず検察が身動きできなくなるようなものを作成してみせます。そして、無理矢理抵抗させて、より深い墓穴を掘らせてみせます。

＊公判前整理手続　公判開始前に検察と被告（弁護人）が争点や証拠を絞り込むこと。

6月24日　宣政が昔、進路をきめる時

宣政元気ですか。

台風で雨の日がつづいております。

昔、横尾の母から聞いたのですが、横尾の父（繁六）の兄が、佐賀で最初に弁護士になられた方で、その方が東京から帰られた時は、駅で知事以下、沢山の方々が出迎へられ大変だったそうです。宣政が昔、進路をきめる時、法科をすすめて下さった方がありましたね。いろんな事、思い出しております。

私は出来るだけ歩く事が大事との事ですが、わかっていても実行はむづかしいですね。一人でというと、不安が先に立ちますが、出来るだけ実行するよう心がけます。梅雨があけるときびしい暑さと思います。健康に気をつけて下さい。水分を十分とって下さいね。御自愛ください。

6月21日

6月21日 ‖ 勾留中の息子より母への手紙

お母さん、明日は誕生日ですね。おめでとうございます。いつも手紙をありがとう。

考えてもいなかった再々逮捕にびっくりしましたが、同じ事件の終りの部分だけを切り離して別の罪名をくっつけただけのようなものです。

6／21（金）に、更に10日の勾留を言い渡されるのですが、どうせずっと勾留されているのですから、物理的には大して変わりはありません。ただし、いつ検事から呼び出される*かわからないので、それだけはいやですよね。早く布団に入っていても呼び出されることもあります。

追起訴*といって、そのまま起訴できるのに、わざわざ20日間の取調べをする理由もわかりません。実際には雑談が多く、それに月曜日の午前中に50分程（これも100％雑談）呼ばれてから、木曜日の6時（今の時間）まで、一回も呼ばれていません。何のための逮捕なのかが、今一つわかりません。

相手はかなりきびしい状態なのではないでしょうか。何しろきわめてめずらしいケースだと思います。この分では判事が言っていた、7／17からの裁判開始はとても無理でしょう。そのうちに、この異常さにマスコミも気がつくと思います。

民事訴訟*もいっぱいかかっていますが、すごい金額*になっているでしょう。全く持っていないのに、何だか持っているような気分になってくることがあります。

皆も元気に頑張っているようですが、ひとみ、友佳、俊哉にもよろしく伝えて下さい。再度の家宅捜査で迷惑をかけて申し訳ないと言っておいて下さいね。体に気をつけて。

＊呼び出される　午前10時以降の午前・午後・夜の最大3回、東京拘置所の取調べ室へ呼ばれて取調べを受けた。　**＊追起訴**　既に勾留されており、逃亡や証拠隠滅の恐れが無いので、本来ならわざわざ再々逮捕する必要は無い。　**＊民事訴訟**　オリンパスと群栄化学工業からそれぞれ民事で訴えられた。　**＊すごい金額**　現在裁判で確定しているのはオリンパスへ10億円、群栄化学へ3億5千万円の損害賠償。更にそれぞれに金利がつく。またその他にオリンパスから追加で12億円の損害賠償を求める訴えが昨年（2019年）起こされ係争中。

6月25日　満91才となりました

宣政元気ですか。裁判が又のびたとの事ですが、心を強くもち皆でがんばりましょう。

22日夜6時頃、俊哉の運転してくれる車で、焼肉店へつれて行ってくれました。何時も頭が重く胸がくるしい感じがしていますのに食事に行くと頭もすっきりし、軽くなり楽しくおいしく頂きました。家族5人で行っていた事を思い出します。やさしく接してくれるひとみさん、友佳、俊哉に感謝で一杯です。

最近歩行が良くなく、ころびそうになります。私は満91才となりましたが、テレビに出られる方々は、皆とても元気でうらやましいです。いまだに神姫バスの方々にも誕生日を祝って下さる方々があり、嬉しいです。どうか健康に気をつけて、がんばって下さいね。

6月23日

6月28日　いつもひとみさんが助けてくれています

宣政元気ですか。

24日（月曜日）植木屋さんが来られ、午前8時30分から午後3時30分頃までかけ、すっきりきれいにして下さいました。幸い、風もなく天候に恵まれた一日でした。何時も同じ植木屋さんなので、とても安心です。25日26日と雨で、植木屋さんは本当に良い時に来て下さいました。

今日は、ひとみさんが差し入れに宣政のところに行ってくれました。有難い事です。

今年の夏は、とても暑さがきびしいとの事です。くれぐれも水分を十分とって下さいね。

家族皆で、苦難をのり切りましょう。宣政が青天白日の身となり、帰ってくるまで、どんな事があってもがんばります。何時もひとみさんが助けてくれていますので、私の事は心配しないで下さい。内野先生始め、一生けん命がんばって下さっている先生達には、何時も感謝で一杯です。身体くれぐれも大切にして下さい。

6月26日

7月2日　裁判ものびるようですね

宣政元気ですか。

ずい分長く会っておりません。とても淋しいし、つらいです。年（91才）のせいもあり、歩行がだんだんむづかしくなってきたように思います。

7月の新月は「8日」です。心こめて祈って下さい。7月に始まると思っていた裁判ものびるようですね。宣政が元気で帰ってくる事を信じて毎日がんばっていますので安心して下さい。気を強くもち身体大事にして下さい。乱筆おゆるし下さい。

6月30日

7月5日　これから、テレビ・新聞で

宣政元気ですか。

7月3日野村におられた後藤様が、毎年送って下さるサクランボを、今年も沢山送って下さいました。きっと宣政の事、心配して下さっていると思い、胸が一杯になりました。早速、佐賀のお酒を宣政の名前でお送りしておきます。本当に嬉しいです。

これから、テレビ・新聞で宣政達の事一杯出ると思いますが、私達は大丈夫です。皆さんとても心を使ってやさしくして下さる事は嬉しいです。内野先生達がきっと助けて下さいます。

昨日、順天堂へ行き新しい薬を投与されました。今日は体調も少し楽になり歩行も長くなった感じです。新薬との事です。私に合へば良いのですが…

7月の新月「8日」心こめて祈りましょう。身体くれぐれも大事にして下さい。7月3日

7月7日 ＝ 勾留中の息子より母への手紙

お母さん、いつも手紙ありがとう。

いよいよ精神的に限界がきました。来週の3連休からキツイ精神安定剤を飲みます。

いろんな条件が一度に出てきたことが一番ですが、これについては先生に聞いて下さい。日本の司法の不公平さには、本当にまいってしまいます。4000時間以上は考え続けましたが、もう限界です。

今日（7／7）はタナバタ様ですね。子供達に何もしてやらなかったし、何もしてやれそうもないことが残念でなりません。

オリンパスの3人*は、たった40日間の勾留で執行ユウヨです。不公平ですね。

体にはくれぐれも気をつけて下さい。今日は先週差入れの大きな花（ダイダイ色）が咲きました。ひとみにも、ありがとうと言って下さい。俊哉には、必ず資格をとってくれと伝えて下さい。それが何よりの僕へのプレゼントだとも言っておいて下さい。あせらず、でも必ずやりあげる。ゆっくりでもいいから迷わず一歩一歩進むように。

＊オリンパスの３人　オリンパス元社長の菊川氏・元副社長の山田氏・森氏のこと。３人は逮捕後すぐに罪を認めた為、勾留期間が短く、この手紙の時点で既に裁判も終了していた。彼らは主犯にもかかわらず執行猶予を勝ち取ることが出来たが、反対に幇助とされた父達は無実を訴え続けた為、９６６日の勾留の後、主犯よりもはるかに重い実刑となった。

7月10日　正義というものがあるのか

宣政元気ですか。

今日（8日）内野先生より、おデンワがありました。宣政が限界にきている様子とききまして、とても案じています。悪い事をした方が軽い刑で出所するような裁判をみて、本当に正義というものがあるのかと胸がつまる思いです。内野先生は決して負けてはなりませんよとはげまして下さいました。宣政の心を思うと胸がはりさける思いです。この様な不当な事、誰か大きい声をあげて下さる方がないのかしらと思います。苦しいと思うが、たえて下さい。きっと助けて下さると信じています。

内野先生、大先生始め、皆様何時も心のこもったお話しをして頂きますのはとても嬉しいです。必づ勝利の日がきます。信じて下さい。心身共大変と思いますが、負けてはなりませんよ。

7月8日

7月16日　検察のやり方は余りにもひどい

宣政、三連休どのようにして過したのかと思うと、胸がいたみます。

毎日きびしい暑さがつづいています。せまい部屋でどんなにつらい事かと思うだけで胸一杯になります。どんなにつらくとも家族のため、正義のため、たえぬいて下さい。

内野先生が面会の願書を出して下さるとの事、楽しみにしております。

宣政の事を思い、私はどんなにつらくともがんばりますから、母のために身体を大切にしてくじけぬようがんばって下さいね。水分は十分とって下さいね。検察のやり方は余りにもひどいですね。精神的にくじけるのを待っているようにしか思へません。会へる日を楽しみに待っております。

7月14日

7月某日　勾留中の息子より母への手紙

元気ですか。

また起訴*されました。今回の件は90%以上、いやもっと高い比率で、僕には全くわからないことでした。すべて小野にまかせていた事ばかりです。2007年以降(僕はNewsの社長になって、小野とは全くといっていい程会っていませんし、事務所も違いました)が中心でしたが、彼から簡単な報告を受けていたのと全く違う証拠がでてきています。1年半考え続け、やっと90％以上の確率で圧勝できると思っていたのに残念でたまりません。

自分の知らないところでは全く戦えません（金の流れなど）。小野は何も考えず、オリンパスとLGTのいわれるままに何でもやってしまう。何の理由もきかずに。だから、僕や羽田への報告もなかったのでしょう。それを完全につけ込まれ、利用されていることに気がつかなかったのでしょうね。

しかし、２００７～２００８年のところだけを除けば、我々が有利なことには違いがありません。もう少し頑張ります。せめて開示請求している証拠*を出してくれればよいのですが。もう少し違う戦い方も考えます。

お母さん、はやく会いたいです。皆にもよろしく伝えて下さい。そして最悪の場合の資金繰りとかを真剣に考えろと言っておいて下さい。かなり可能性は高まりました。僕は社長だったから逃げ場もないですし、二度と働くこともできないでしょう。

体には充分気をつけて下さい。

＊また起訴　再々逮捕されたマネーロンダリング容疑での起訴。　**＊開示請求している証拠**　オリンパスの簿外ＳＰＣ等の銀行口座などを開示請求していたが、肝心な証拠は開示されなかった。

7月20日　大変な事になっていると

昨日内野先生からのおデンワで大変な事になっているとの事きゝました。宣政の伝言では小野さんは自分の部下だったので、部下の事は社長の責任であると言っていますが、昨日多田さんにデンワしてその事話しましたら、自分の知らない事は知らなかったと、きっぱり伝えて下さい。決して責任をとるという事はやめるようにいわれました。一日も早く自分が青天白日の身となる事が大切ですとの事でした。

内野先生には本当に申しわけなく思います。心を強く持って下さい。早く会いたいです。

7月19日

7月22日　今日はとても乱筆です

宣政元気にしておりますか。

とても心配しております。何卒新月の神様に祈って下さい。内野先生皆々様の御努力がきっとみのりますよう、心こめて祈っております。どうかくじける事なく正義のためがんばって下さい。家族一同心を合せがんばっております。安心して下さい。

毎日きびしい暑さがつづいております。宣政が心配してくれておりますが、クーラーは入れております。安心して下さい。

先日友海が心配して来てくれました。私は耳が遠いので、ひとみさんといろいろ話しておりました。皆の心づかいに感謝で一杯です。会へる日の一日も早い事を祈っております。身体くれぐれも大事にして下さい。今日はとても乱筆です。すみません。

7月20日

7月24日　良い資料が入手出来たと

宣政元気ですか。

今（7月23日午後5時）内野先生からお電話を頂き、良い資料が入手出来たとのお知らせを受け、嬉しくて感謝で一杯です。

山もあり谷もあるけれど、勝利に向ってがんばって行こうとのお話しに、私は急に明るく元気になりました。内野先生のおやさしいお心づかい、唯々感謝で一杯です。

先生のところへ、とんで行ってお礼を申し上げたい気持です。良い資料が一杯、内野先生のもとへとどきますよう、新月の神様に祈って下さい。どうか心を強くもって下さいね。

7月23日

7月27日　宣政の手紙をよんで下さいました

宣政手紙有難う。

昨日（25日）内野先生よりお電話頂きました。先生のお声をきくだけで、私は心が落ちつきます。感謝で一杯です。宣政の手紙をよんで下さいました。涙一杯できました。苦しくつらく、くやしい思いで過ごしている宣政の事を思うだけで泣けてしまいますが、手紙では、しっかりとした考へをもち、がんばっている宣政に、嬉しく安心しました。ひとみさんから、面会の許可があったとの事きき、嬉しく待ちどおしいです。

健康には十分気をつけて下さい。内野先生、田渕先生、皆々様の大変な御努力は必ず実ります。

8月の新月は「7日」です。

会へる日を楽しみに待っております。

7月26日

8月1日　頭からはなれる事はありません

宣政元気にしておりますか。

ひとときとして宣政の事が頭からはなれる事はありません。どうか元気でがんばって下さい。一日がとても長いですね。何としても家族のため、がんばって下さい。

内野先生には、大変御迷惑と思い乍ら、ついついデンワをしてしまいます。お忙しいのに何時も心よく受けて下さる先生に感謝で一杯です。俊哉の都合で、面会日が決っていません。一日も早く会いたく待っております。

8月の新月は「7日」です。心こめて祈ります。健康には十分気をつけて下さい。出来るだけ身体を動かすようつとめて下さい。一日も早く会へる日がくるのを待っています。

増々乱筆ですみません。

7月31日

8月9日　いやがらせとしか

宣政、本当に久しぶりで胸が一杯になりました。何故こんなに長く勾留されているのかくやしいです。いやがらせとしか思へません。心を強く持って下さいよ。あっという間に時間がすぎました。帰りに3人で食事をしましたが、宣政の事を思うと、とても胸が一杯になり食欲ありませんでした。一日も早く裁判が始まるよう祈っています。

最後まで正義をつらぬいて、がんばって下さい。内野先生達の御努力が一日も早く実りますよう祈っています。

高齢者向け宅配弁当サービスは、今夕から土曜日までとってみる事としました。猛暑がつづいています。とても外出など出来ません。歩行もだんだんむづかしくなると思いますが、出来るだけ、自分で歩くよう心がけています。

ひとみさんが言っていた家屋税*の事ですが、昭信にはとても言いにくいです。出せる間は、私が半分出す事としましたから安心して下さい。

宝くじでも当ればよいのですがね。一度買ってみようかと思っています。

前に会った時より、少し元気がなくなったように思います。当然と思いますが。家族のためがんばって下さい。出来るだけ、面会できるよう内野先生にお願してみます。又、会へる日を祈っています。乱筆ですみません。

8月7日

＊家屋税　固定資産税のこと。伯父昭信に支払を頼むよう父から言われた。

8月13日　何時まで自分で料理出来るのか

宣政元気ですか。

きびしい暑さがつづいています。苦しく、つらい思いで日々をすごしていると思うと、母はたまらなくなります。出来るだけ考へぬようにと思うのですが、一人でいると宣政の事ばかり考へてしまいます。

昨日（日曜日）友佳が尋ねてくれ、クーラーはつけているか？　水分は十分とりなさいと、やさしくたづねてくれました。近い中に宣政に会いに行くとの事です。

内野先生達の御努力で一日も早く青天白日の身となりますよう祈っています。御多忙の先生ですのに、何時デンワしても大先生も若先生も気持よく受けて下さいます。感謝で一杯です。先生の御努力が一日も早く実りますよう祈っています。

高齢者向け宅配弁当サービス、しばらくとってみましたが、なかなか満足するものではありませんでした。出来るだけ自分でがんばってみます。何時まで自分で料理出来るかわかりませんが… 先の事は余り考へぬようにします。どうか苦しいでしょうが、家族のためがんばって下さい。健康がとても心配です。気をつけて下さい。

8月12日

8月15日 ≡ 勾留中の息子より母への手紙

お母さん、この間はありがとう。あと数年だなんて絶対に言わないで下さい。もっともっと生きて、まだまだいろんな事を教えて下さい。今日は内野先生に来ていただきます。明日は久し振りに友佳ちゃんが来てくれますが、あっという間の30分ですからね。この間も皆が帰ったあとで、急に淋しくなりましたが、午後には僕が落ち込まないように内野先生が来て下さいました。先生方には本当に感謝しています。だから苦しいけど、また考えようと何とか努力をしています。来月も接見の許可を申請して下さいますので、必ず来て下さいね。

今回の20日間の取調べの内容は、ほぼ100%何もわかりませんでした。出てくる社名も、Fund名もさっぱりです。これじゃ何も考えられないと言ったら、田渕先生に、前もそうだったじゃないですか。初めはオリンパスのやったことを知ることからやって、ここまで来たんだから似たようなもんですよと、あっさり言われてしまいました。確かにそうですよね。白紙の状態からスタートし、何の先入観も持っていなかったから、供述書の矛盾や真実が見えてきたのですから。じっくり見ていくと（今回の検察が開示してきもの）、この一年間どうしてもほしかった証拠で、検察が手元にないと言い続けていたものが、少し角度を変えてみるとその中にしっかりと載っている*ことに気がつきました。その他にも、彼らの主張が成り立たないことにも気がつきました。

では、本当に体に気をつけて、検査にも必ず行って下さい。

＊その中にしっかりと載っている　金融知識に乏しい検察は、一つの事象を見て有罪を立証する証拠だと考えがちだが、全ての証拠を論理的かつ慎重に調べていくと、実は有罪の証拠だと思われたものこそ無罪の証拠であることが見えてくる、という意味。

8月16日｜最悪の場合の事も

宣政元気ですか。

猛暑がつづいております。どのようにしているかとても心配です。

昨日夕方、女性の弁護士さんよりおデンワを頂き、宣政の事、伝へて下さいました。

一日も早く裁判が始まるよう祈っています。

先日会った時、最悪の場合の事も考へるようにと宣政から言われた時は、息がつまる思いでした。宣政本人の事を思うと、たまりませんでした。大先生にその事申し上げたら、勝利すれば、よろこびが何倍にもなるのですから、がんばりましょうと言って下さいました。

私は身体が不自由なので、ふとんが干せません。特に夏は「ＢＶ４」で、とても助かっています。この間、ひとみさんから新しく一本頂きました。

宣政が一番大変ですが、家族のため心を強くもって、がんばって下さいね。必づ内野先生達の御努力でよろこび会へる日のくる事を信じています。身体大事にして下さい。乱筆ですみません。

8月14日

8月23日 ║ 勾留中の息子より母への手紙

お母さん、いつも手紙ありがとう。ポストに投函しに行くのは、必ずひとみに頼んで下さい。ころんだら大変ですからね。この間からそれが気になっていたのですが、つい忘れてしまってすみません。

友佳が来てくれましたが、元気そうで安心しました。うつ病もすっかり治ったような感じですね。

それから、3食のご飯ですが、遠慮しないで、ひとみに頼んで下さい。3人前作るのも4人前作るのも、手間はそんなに変わりませんから。

僕はここ1ヶ月ぐらいで体重が2～3kg増えてきていますが、糖尿病が心配です。といっても今の問題と比較すれば、大したことじゃないですけどね。それより首が痛くてたまりません。外に居る人には絶対理解できないことが沢山あります。一日も早く無罪を勝ち取れるように頑張ります。９月も必ず会いに来て下さいね。

8月27日 ｜ 9月に会える日を今から楽しみに

宣政元気にしておりますか。

家族一同も無事すごしております。安心して下さい。私の頭の中は、何時も宣政の事しかありません。勝利し一日も早く帰ってくる事ばかり祈っています。内野先生からのおデンワだけが、私の唯一の心の支えです。厚かましく私がおデンワしても何時も心良く受けて下さいます。感謝で一杯です。

苦しく大変と思いますが、どうか家族のためがんばって下さい。9月に会へる日を今から楽しみにしております。乱筆ですみません。字がだんだん書きづらくて、よみにくいと思いますが、おゆるし下さい。

8月25日

8月29日 ｜ 何時までも裁判が始まらぬ

宣政元気ですか。

朝からきびしい暑さがつづいています。よくがんばっていると思います。

何時までも裁判が始まらぬというのは、不思議ですね。一日も早く裁判が始まるよう祈っています。

9月の「新月」は「5日」午後8時20分頃との事です。願いをこめて祈りたいと思います。

ひとみさんは今日さし入れの日で、暑い中出かけてくれました。とても会いたいです。私が病気でなければ少しは役に立つのですが…

大変ですが、強い心をもって家族の為、たえぬいて下さいね。がんばって下さいね。会へる日を楽しみに待っております。

8月28日

9月10日　一日も早く裁判が始まるよう

宣政元気ですか。

一日も早く裁判が始まるよう祈っていますが、なかなか始まりませんね。どんなにつらくくやしい日々を過しているかと思うと、胸一杯になります。朝夕大分しのぎ良くなりましたが、日中はまだまだ暑いですね。

私は、皆と食事の出来る日が一日も早く実現する事を心から祈っています。出来るだけ良い事を考へるように心がけています。

内野先生からおデンワを頂いた日は一日心がおだやかになります。一日も早く皆でよろこび会へる日を心から祈っています。どうか心を強く持って下さい。家族皆元気です。身体くれぐれも大事にと祈ります。

9月9日

9月13日　裁判がのびているのは

宣政元気ですか。

10日に内野先生にお電話申し上げたら、良い事が出てきましたとの事。少しでも良い方向へ進みますよう、心から祈っています。きっと神様は助けて下さると信じています。

友佳は朝8時過ぎ、元気に出社しています。元気で少しふとったようです。今までやせすぎていたように思います。

連休がつづきます。どうして過ごすのかと思うと胸がつまります。内野先生が、裁判がのびているのは、悪い事ばかりではありませんからとおっしゃいました。そうかも知れません。何事も良い方へ考へる事も大事です。

健康は大丈夫ですか。くれぐれも気をつけて下さい。乱筆ですみません。

9月11日

9月18日　時間は少しかかると思いますが

宣政元気ですか。

休みがつづき、どうしているかと案じています。

15日は昭信夫婦と、健一家が来てくれました。天気も良く、健のところの2人の女の子はとても可愛いく、私に絵手紙をくれました。その日の夕方、友海がおすし、手作りの煮物いろいろ果物を一杯持参してくれました。その時必づ、ひとみさんへの心づかいも忘れずしてくれます。ひとみさんも自分が買物に行く時は必づ、私の入用の品をたづね買って来てくれ助かります。私は本当に幸せ者と感謝せねばなりませんね。

時間は少しかかると思いますが、宣政は必づ元気に帰って来てくれる事を信じています。

内野先生より少しでも良いお話しがきけますよう何時も祈っています。身体くれぐれも大事にと祈ります。乱筆ですみません。

9月16日

9月某日 ≡ 勾留中の息子より母への手紙

お母さんいつも手紙をありがとうございます。

たぶん裁判は12月頃からだと思いますが、毎週手錠につながれ*裁判所に行くことを考えると気が重いです。それも証人尋問だけで2～3年かかるようですから尚更です。

自宅から行ければ良いのですが、難しそうですね。だから先生との打合せにも限界があります。きわめて歩の悪い状況が続くでしょう。

お母さんは定期的に検査だけは絶対に行って下さいね。それだけは必ず約束して下さい、それと、せめて昼食と夕食ぐらいは、ひとみに頼んで、一緒に食べてもらえませんか。絶対に無理をしないで。

できれば、今月も来て下さいね。ひとみには、毎週暑い中ありがとうと伝えて下さい。

友佳と俊哉にも、堂々と生きてほしいと言っておいて下さい。たぶん歴史に残る裁判になると思いますので、胸を張って力強く生きてほしいと。

では、体に気をつけて、元気でいて下さい。会える日を楽しみにしています。

＊手錠につながれ　勾留中の身の為、外に出る際は必ず手錠と腰縄につながれ、刑務官二人に挟まれて移動・着席する。

9月24日　裁判が始まるのが12月との事

宣政元気ですか。

長い休みで、どうしているかと案じています。一昨日21日、友海が赤飯（町の祭りで頂いたとか）、煮物、菓子、果物といろいろ持参してくれました。必ず二階へも何か心づかいしてくれます。感謝で一杯です。

裁判が始まるのが12月との事、宣政の手紙でよみましたが、心がいたみます。よくがんばっていると思います。くじける事なく、がんばって下さい。長くなる事も良い方へ考へて、明るい心を持つように心がける事としました。明るい心でいると幸運が来るように思うようになりました。必ず、内野先生達が幸運を持って来て下さると信じています。新月の神様も必ず助けて下さいます。信じて下さい。健康にはくれぐれも気をつけて下さい。

乱筆でよみづらいと思います　おゆるし下さい。

9月23日

9月27日　「絶対に幸せになるぞ」という夢を

宣政元気ですか。
25日内野先生からおデンワ頂き、嬉しくて一日元気に過ごしました。宣政は元気の由承り安心しました。内野先生のおやさしいおデンワは本当に有難いです。感謝で一杯です。この間、瀬戸内寂聴さんが書かれた文章をよみました。「絶対に幸せになるぞ」という夢を描けば本当にそうなる、と書いておられました。私も信じます。
買物は近くのコンビニの方が、牛肉、魚、野菜は近くのお店の方々が、どんなに少くとも気持よくとどけて下さるのが一番助かります。ひとみさんもたのめば気持よく助けてくれます。友佳も俊哉も皆やさしいです。皆忙しいのでゆっくりしゃべる事がないのが少し淋しいですが…　宣政の事を思へば辛抱出来ます。健康には気をつけて下さい。一日も早く青天白日の身となり元気に帰ってくる日を心より祈り、待っております。

9月26日

10月1日　誰とも話す事なく過ごす事が多く

宣政元気ですか。

毎日どのように過しているかと思うだけで胸が一杯になります。

10月の新月は「5日」です。心こめて祈って下さい。

一日も早く裁判の始まる事を祈っています。朝夕大分涼しくなりました。身体くれぐれも大事にして下さいね。1日が長いですね。私も誰とも話す事なく過ごす日が多く歩く事が少いので、最近歩行が大分わるくなってきました。がんばってもう少し歩く事を心がけねばと思っています。内野先生よりのおデンワが何よりの楽しみです。厚かましく私からおデンワしても、何時も心よく受けて下さる先生に感謝で一杯です。先生達の御努力で一日も早く笑へる日がきますよう心こめて祈っています。

家族皆変りなく元気です。つらい日々と思いますが、家族のためどうかがんばって下さい。

字が益々乱筆となります。おゆるし下さい。

9月30日

9月30日 ≡ 勾留中の息子より母への手紙

お母さん、お元気ですか。

僕も何とか精神的に耐えています。何回も激しい心の波がやってきますが資料を調べ、書類を書き続けている間に夕飯の時間（16：00）になります。その後も続けますが、8時には布団に入り、少し本を読んだり、考え事の続きをします。9時に消燈ですが、小さな蛍光燈はついたままなので、突然起き出して夜中まで資料を見続けるこしかし毎日考えているうちに壁にぶつかり頭がおかしくなる事が多くなってきました。でも攻めないと相手はボロを出しません。一番の壁は、小野が何をやっていたのかがさっぱりわからない事です。我々3人は全く別のこと*をやっていたので、会わない時は1～2ヶ月会わないというのが当り前でしたから(ビルも3人とも違っていたのでよけいです)、全く知らないことが大半です。それでも資料を読み続けていると、少しずつ理解できてきて、それを理論的に組み立てていくと、検察が全くまともな捜査をやっていなかったことや、彼らのレベルの低さがわかってきます。そして検察の主張が完全に成り立たないことも。でも、殆んど考え尽した状態になってきたので、今後どのように一日を平常心で暮していくのかが問題です。

本当にいつも手紙ありがとうございます。必ず検査には行って下さいね。それからひとみにも毎週差し入れありがとうと伝えて下さい。友佳と俊哉にも頑張れと言って下さい。

＊全く別のこと　２００７年頃、父はＮｅｗｓの社長として虎ノ門の事務所に通っていた。２００８年以降は料理人と共にレシピ開発や試食会に明け暮れていた為、ほとんど事務所へ行くことがなかった。その頃羽田さんは神谷町の事務所でヒューマラボの仕事、小野さんは虎ノ門のマンションの一室を借りてＧＣＩの仕事を行っていた。

10月3日　お父さんに報告出来る日が

宣政元気ですか。

10月1日内野先生よりおデンワ頂き、宣政の手紙をよんで下さいました。どんなに苦しく、つらい日々を過しているかと思うだけで泣けてしまいます。

身体大丈夫ですか。とても案じています。考へられぬような長い時間、よくたえていると思います。内野先生達、一生けん命がんばって下さっています。必づ神様は助けて下さいます。「5日」の新月忘れず祈って下さい。

10月30日はお父さんの命日です。色々の事を思い出します。宣政の事はとても期待しておられたお父さんです。青天白日の身となって、お父さんに報告出来る日が一日も早く来る事を祈っています。つらい日々と思いますが、家族の為たえて下さいね。

10月2日

10月8日　自由に会う事が出来ぬとは、本当に悲しい

宣政元気ですか。

自由に会う事が出来ぬとは、本当に悲しいです。時間ばかり経っていますが、事件の事どうなっているのかと案じます。少しでも良い話しがきけると嬉しいのですが…

私も一日中、誰とも会話する事のない日が多いので、とても淋しいです。宣政の事を思へ

ば辛抱出来ます。和美さんがよくデンワをかけてくれます。何でもかくさず話せますので、とても心が落ちつきます。苦しくつらい日々と思いますが、どうか家族の為、勝利の日まで耐えてがんばって下さい。

10月7日

10月12日 余りにも裁判が始まらぬので

宣政元気ですか。

今日（10日）内野先生よりおデンワで宣政と会ってきたとの御報告頂きました。余りにも裁判が始まらぬ事で、皆不思議に思っているようだとの事、お話頂きました。誰れが考へても一寸不思議に思います。内野先生、今年中には始まるとおっしゃって下さいました。以前、宣政も12月頃といっていましたね。大きい試練をのりこえ、きっと大きく立派な人間に成長出来ると信じています。内野先生達の御努力で勝利の日を迎へる事が出来ると信じています。皆でがんばりしょう。

家族皆元気です。少し涼しくなったら、外へ出て歩行をせねばと考へています。最近少々ころび易くなったようです。それを考へると、なかなか外出する気がしません。家の中で出来るだけ歩行練習をしております。又三連休ですね。健康にはくれぐれも気をつけて下さい。宣政が元気で帰ってくる日を祈り乍ら待っています。

10月12日 ≡ 勾留中の息子より母への手紙

お母さん、お元気ですか。

僕も何とか先生方の頑張りに支えられてギリギリのところで耐えています。これだけ長時間かかっているのは、検察のいやがらせですが、それは彼らが相当追い詰められている証でもあります。

刑務官の方々はとても親切で、いつも心配していただいています。心がやすまるかもしれないと、写真集を部屋に入れて下さったり、できることがあれば何でもしてあげるからとか言っていただいてます。

何とか年内には出たいのですが、裁判は来年になるでしょう。でも始まったからと言って、保釈が認められるかどうかはわかりませんが。いずれにしても、僕の居るB棟6階*で一番えらい人も、裁判までこんなにかかり、その上600日以上も入っているケースは、全く記憶にないと言っておられます。

今年は年末・年始9連休になりますから、その間ずっと部屋にいることになります。皆は例年のように正月を迎えて下さい。必ず検査には行って下さいね。

お父さんは、僕が生まれた時結核になり、一年間アパートの一室で何も考えずに寝ていたんですよね。その当時は、絶対に助からない病気と言われていたのですから、今の僕どころではなかったのでしょう。それを思うと、最悪でも財産がなくなりますが、子供達は立派に大人になっている訳ですから。それに二度と会えなくなる訳でもないのですしね。もう少し、いや最後まで全力で戦います。これだけ体を強く生んでもらったことを感謝しています。今から先生が来られます。

＊B棟6階　特捜案件の被疑者や死刑囚が収監されている特別階。各部屋に監視カメラが設置されている。特捜案件の場合、便器の前につい立てが無い為、トイレが丸見え。ほうきやちり取りの持ち込みも禁止されている為、父は両手のひらで埃を集めて掃除していた。

10月16日　肺のいたみがなかなかとれず

宣政元気ですか。

このように長い勾留という事があるのですかね。何もわからぬ私でも、とても不思議に感じます。どこへも申し出る事が出来ないのですか。

私は一ヶ月前までは、すぐ立ち上れましたのに一カ月前にころんで背中を打ってから、肺のいたみがなかなかとれず、そのせいと思いますが、立ち上りがなかなか出来ず困ります。ひとみさんが食事を作ると言ってくれますが、出来るだけ自分でした方が自分のためと思います。

一日も早く青天白日の身となり元気に帰ってくる事を祈っております。健康にはくれぐれも気をつけて下さい。

10月15日

10月20日 ≡ 勾留中の息子より母への手紙

お母さん、週に2度も3度も手紙をもらい本当に有り難うございます。

この間の手紙で見ましたが、折角ひとみが食事を作ってくれると言っているのですから、必ずそのようにして下さい。90歳になっても人に頼らないとか、人の役に立ちたいと思うことは立派ですが、もう充分やってきたんだから。つぶれかかった従業員数千人の会社を救ったお父さんを支えたのはお母さんです。

僕も1兆円の増資*を入金日直前に役員数十人を敵にまわし一人でつぶしたことがありますが、その会社は翌年倒産しました。世界中の投資家のお金を守ったのです。ギリギリまで追い込まれた野村も数度救いましたが*、その事は数人の役員の方しか知りません。元はと言えばオリンパスも25年ぐらい前に僕が助けていなければ、その時倒産していた*会社ですけどね。。だから皆勘違いしているのです(特にマスコミは)。僕は野村の役員会で消防車と言われていたそうです。

でも、振り返ってみると、大した社会貢献もせずに、このまま死んでいくことが残念でなりません。何とかして、形として残るものを残したいと思って野村を辞めたのに。

絶対に内熱調理*はやり上げたかったです。

お母さんは、堂々とえらそうに生きて下さい。ひとみには、毎週ありがとうと伝えて下さい。そして友佳と俊哉には頑張れと言って下さい。

＊一兆円の増資　野村證券が３年かけて練り上げた、ヨーロッパの航空機リース会社への増資計画。役員会で既に増資が決定していたが、当時営業業務部運用企画課長だった父が当該リース会社の経営状態悪化を理由に大反対し、直前で増資を回避した。父の予想通り、その翌年に当該リース会社は倒産した。　**＊数度救いました**　野村證券内部で重大な問題が起こる度、野村證券の役員トップ数名に社内の一室を用意され、父は一人で問題を解消していた。これらは全て、通常業務とは別で秘密裏に実行された。詳細は父の著書『野村證券第２事業法人部』（２０１７年、講談社）を参照。　**＊倒産していた**　オリンパス経営陣は、１９８７年10月19日（月）に起きた世界的株価大暴落（ブラックマンデー）により、１日で３００億円の損失を作った。当時野村證券の第２事業法人部でオリンパス担当だった父が、50億円を元手にワラントと株式を使って半年間で４００億円を取り返した為、事なきを得た。　**＊内熱調理**　電子レンジ調理ビジネスのこと。内熱調理とは、マイクロウェーブで食材の中に含まれる水の分子を振動させ、それによって生じる水の分子どうしの摩擦熱を利用して加熱する調理法のこと。対して外熱調理とは、コンロや炊飯器などを使って外側から熱を加える調理法のこと。

10月22日　色が白くなっていると

お手紙有難う。よくがんばっていると思います。

運動不足で健康が心配です。太陽もあたらぬのでしょう。大先生がおテンワで色が白くなっているとおっしゃったので心配です。神姫におられた田中さんがお父さんへのお供へに柿を一杯送って下さいました。お父さんは柿が好物です。何時までも忘れずして下さるのはお父さんの人徳と思います。長く運転手をして下さっていた石戸さんも、何時も心にかけ気づかいして下さいます。嬉しいです。

小さい部屋にこもっている宣政の事を思うと胸がいたみます。出来るだけ明るく考へる事にします。よろこび会へる日が一日も早く来る事を心から祈って待っています。健康にはくれぐれも気をつけて下さいね。

10月21日

10月28日 お父さんは本当に立派な人でした

宣政、元気の様子とても嬉しいです。

内野先生が宣政の手紙よんで下さいました。何時もの事ですが胸が一杯で言葉が出ません。

お父さんは本当に立派な人でした。とてもきびしい人でした。自分本人にもでした。一生の中で、一度もお酒によっぱらうという事のない人でしたね。自分自身はとても質素を重んじる人でしたが、困った部下にはよくしていました。社長になってからは、自分は会社の代表だからと服などすべて最高のものを身につけていました。自分の家の経情は一切関知せず、私が毎日財布をみて、へっていたら足して入れておくという人でした。生活のくるしい時も良くなってからも全く同じでした。社長になってからは市役所、商工会議所などから、たのまれる事が多く、とても多忙でしたね。清廉潔白、泰然自若の人だったと思います。

昭信夫婦は今日、お父さんの墓参りに佐賀へ帰っているようです。感謝しています。私は、御布施を送らせて頂く事しか出来ません。一度、帰りたいですね。

どうか健康に気をつけて、横尾の息子らしく立派にのり切って下さい。よころび会へる日を待っています。

10月26日

10月29日 ≡ 勾留中の息子より母への手紙

お母さん元気ですか。

明日はやっと争点整理というところまで来ました。我々と検察の争点が何であるのかを、裁判所がまとめたものを元にして話し合う事です。かなり検察の捜査や考え方がずれているので、もめると思います。４０００～５０００時間と便箋６０００枚ぐらいを費やしてきました。自分としては何とか耐えて、やれる限りの事はやってきたつもりです。でも、まだまだ足りないところが一杯あるような気もしますし、何しろ人生で初めての経験ですから心配なのは当り前でしょう。

早く家で皆とゆっくり会いたいですね。

10月31日 ║ 勾留中の息子より母への手紙

昨日は、やはり精神的に厳しかったです。もう駄目だと思うことは、これで何回目でしょうね。たぶんもう数えきれません。さっき俊哉に手紙を書きました。お母さんからも誕生日を祝ってやって下さい。

ただ居るだけでなく、常に考え続けなければならない事、そして壁にぶつかり続けている事が辛くてしかたがありません。

何回も言うようですが、毎日の食事はひとみに甘えて下さい。それと検査だけは必ず約束して下さい。それから、兄さんにお父さんの墓参り有り難うと言っておいて下さい。

11月2日 ║ 勾留中の息子より母への手紙

今日、歯痛は食事の時だけになりましたが、上の歯と下の歯が当ったときはすごい痛みが走ります。薬はきつくて胃に悪いということなので2食に1回にしています。

ところで、昨日、令四郎先生に長時間話をしていただき、少し落ち着きましたが、今朝から夕方までメチャクチャな精神状態になってしまい、ずっと座っていたのですが、突然今までの考え方と全く違った見方をすることを思いつきました。ここまで物的証拠や理論を積み重ね、実質的には圧倒的に有利な筈なのに、それが中々受け入れられず、必ず存在する物的証拠（決定的な）まで一蹴されるようではもうどうしようもないと考えていたのですが、少し真正面から取り組みすぎたようです。

高校時代、僕に必ず数学者になれと言ってくれていた兵庫県の数学協会長の言葉を思い出しました。いかに難しい問題であれ、見た瞬間に3つの解法を考えつけというものです。見たこともない問題を黒板に書き、3つの方法で解けと、よくそのトレーニングをやらされました。

思いついたのは、検事のあのレベルの低い証明に途中まで賛同していって最後に大きな落とし穴につき落とす方法です。そして、はい上ってくる時に初めて今までの理論で打ちのめすのです。先程から、少しずつ方法論が見えてきました。2～3時間雑に考えて思いつくままに書きとめましたので、明日と明後日で更に深く考えてみます。

ただ、目を覚ましてみると、ガックリくるかもしれませんが。

明日は新月ですね。

11月6日　こんなに長く拘束される事が

宣政元気ですか。こんなに長く拘束される事があるのですか。

先日、宣政のいとこの哲哉さんから、本当に本当に久しぶりに手紙を頂きました。関西にいた時は度々一家で横尾に来て楽しく食事をした事を思い出すと書いてありました。宣政の事、とても心配してくれています。本当に心配してくれ、昔の恩返し出来る機会を与へてもらへれば嬉しいと書いてありました。嬉しく涙ぐんでしまいました。昔からやさしい子でしたね。いろいろ思い出します。皆、心から宣政の事を思い心配しています。本当に嬉しいです。

身体に気をつけて何としても勝利の日まで皆でがんばりましょう。

11月4日

11月9日 ― 私の歩行の事を考へて二階で鍋ものを

宣政元気ですか。

俊哉の誕生日に私の歩行の事を考へて二階で鍋ものを御馳走してくれました。階段の上り下りは友佳がささえてくれ安心でした。久しぶりに楽しい食事をさせて頂きましたが、何時も宣政と5人の食事の事、思い出しました。皆やさしいのがとても嬉しいです。特にひとみさんはどんな時にも何時も気持よく私を支えてくれています。一日も早く一家五人で食事が出来る日を心から祈っています。宣政が毎日苦しい思いで過しているかと思うと、とてもたまらなくなりますが、笑える日の来る事を信じております。

だんだん寒くなります。身体くれぐれも大事にして下さい。私は毎日神様に心こめて祈っています。

11月6日

11月13日＝勾留中の息子より母への手紙

お母さん、いつも手紙ありがとう。

11月5日は俊哉の誕生日楽しかったみたいで僕も嬉しいです。あっという間に友佳の誕生日ですね。そして12月12日はお父さんの誕生日。

僕は今日裁判所*でした。これから毎週水曜日は裁判所ですが、疲れますね。

ところで、裁判の開始*が12月25日13：30に決まりました。どうしても裁判所は年内に始めたいようですが、かなりきびしい日程になってしまいます。結局ほしい証拠も、殆んど検察は開示してくれず*、きびしい戦いになりそうですが、それでも物的証拠も論理も勝っているとは思います。でも、裁判所がどういう裁判をするかは全くわかりません。たとえ結果がどうなろうと、裁判が長びけば、その分皆はその家に住めるのが長くなるのですが、意外と速く終るかもしれません。しかし、少なくとも一年以上はかかるでしょうが。たぶんその間は、僕はここから毎週裁判所に行くことになるでしょう。僕としては、自分のできることは精一杯やってきたつもりです。いよいよこれからが本当の勝負になりますので、もう一度気合いを入れて頑張るつもりです。勝たなければ、先生方にお金も払えませんし、お母さんにも返せません。

寒くなりますが、必ず床暖房をつけて。絶対に元気で待ってて下さいね。では、皆にも12月25日に裁判が始まることを伝えて下さい。

***裁判所**　公判前整理手続の為、一年以上毎週、東京地裁へ通っていた。この日裁判所へ行ったのもその為。この後も裁判の為、毎週東京地裁へ通うことになっている。　***裁判の開始**　刑事裁判の初公判のこと。　***開示してくれず**　検察にとって不利な証拠は何度請求しても開示されなかった。例えばLGT銀行頭取の入国記録（父達のアリバイの証拠）や、署名権者リスト（父達に署名権が無かった証拠）など。他にも各口座の銀行ステートメントなど、開示されない証拠が多数存在した。

11月17日 ‖ 勾留中の息子より母への手紙

裁判（第一回公判）は12／25に決まりました。午前中は公判前整理手続をやり、午後1時半から始まります。

結局ほしい証拠で絶対に存在する物は、全く言っていい程、手に入りませんでした。この土日で24時間ぐらい供述書を見直し証人尋問の内容を考え、それを書いていますが、考えていたより進みません。一年前に書いたものは、山田一人に対して300問*ぐらいですが、今、書き直しているのはやっと40問ぐらいです。しかし枚数は半分近くになっています。それだけわかったことも多くレベルは間違いなく上がっているのでしょうが。これは相手の性格なども考慮に入れなければなりませんしね。一応今までやらなければならない事で僕の能力でやれることは精一杯やってきたつもりです。ここまで長くなったのは大半が検察の責任です。証明予定事実の2回の書き直しでた。そしてかなり厳しいものを連発で出したら再々逮捕されました。またこれで4ヶ月ぐらい遅れました。裁判所が急にピッチをあげてきた気持ちは理解できますが、こちらはまだまだ用意ができていません。しかし検察をかなり追い込んでいることは確かです。苦しい日が続きますが、最後までやり抜いてみせます。

一昨日の金曜日は、部屋の引越しで大変でしたが、刑務官の方が最後まで手伝って下さいました。皆すごく親切です。

野村を救うために何ヶ月もの間、2時間睡眠で助けたことも2〜3度ありました。土日も会社を出るのは朝の4時でした。でも、今は、それよりきびしいです。寝る時間は長いですが、精神状態も違うし、全く休まずやっています。休むのは食事の10分間ぐらいです。そして手紙を書いている時ぐらいですね。筋トレは一日10〜15分はやっていますが。すごく寒くなってきました。体に気をつけて下さい。

11月11日

＊300問　証人に対する質問。

11月19日　こんな事まで出来なくなり

宣政元気ですか。とても寒くなってきましたが、大丈夫ですか。

内野先生よりおデンワで元気の由承りました。長いですね。時々夢であってほしいと思う事があります。

何事もひとみさんにたのむ事が多くなりましたが、何時も気持よく受けてくれるのは何よりの幸せです。今日は冬ぶとんのシーツのかけかえをお願いしました。こんな事まで出来なくなり、一寸淋しいです。昨日ひとみさんが庭の花の植えかえをしてくれ、とてもきれいになりました。

最後の勝利の日まで、どんな事があってもがんばって下さい。私達もよろこび会える日を願い祈っています。お身お大切にと祈ります。

11月17日

11月20日 ≡ 勾留中の息子より母への手紙

今日は公判前整理手続で裁判所へ行きました。帰りに銀座を通るとき(今日は初めて東京駅の前を通りましたが、あまりの変わり様におどろきました)に、いつもすごくさびしい思いがします。また急に激しい落ち込みが来そうです。手錠をはめられての行動は本当にいやですしね。

クリスマスが第一回公判ですが、時間も証拠も足りません。日本の司法制度のいびつさは、初めてはっきりとわかってきました。主犯の供述がこんなに重要視されるのですし、全く正論が通じず、検察の好き放題ですからね。オリンパスが罪証隠滅しようとしていた証拠の提出を不同意にされてしまいました。僕がかなり力を入れて作った資料*（銀行のデータベース・マーケティング）も不同意です。これは供述証拠ではありませんし、確実に正しいものです。

お母さん、裁判には来て下さいね。マスコミがいるから気をつけて。でももう二年も経っていますから、それ程騒がれはしないでしょうが。一回目は3時間半〜4時間は会えます。二回目以降は6時間*は会えます。毎週水曜日です。これからは、話はできませんが、長時間顔は見えますから。でも風邪をひかないようにして下さい。僕は、おかげ様で、体調は問題ないです。一日12時間座っているのにも大分慣れてきましたが、裁判所の一人部屋*は人口畳で座布団がないのできついです。

＊資料　ユーバス（稲留さんの解説参照）のプレゼンテーション資料。父がコンサルタントとして真っ当に仕事をしていた事実は検察にとって不都合なものだったと考えられる。**＊6時間**　公判は毎回10時から17時まで（昼休憩の1時間を除く）行われた。初公判だけは午後のみだった。　**＊裁判所の一人部屋**　公判前整理手続や裁判が始まるまで被告人が待っている部屋。一般的な事件の被告人の場合は雑居だが、特捜案件は一人部屋。入室する際には毎回、下着まで全て脱いだ全裸の状態で身体検査を受ける。

11月22日　今の私はひとみさんなくしては

宣政元気ですか。

どうしているかと何時も思います。お忙しい内野先生と思い乍ら、ついついデンワをかけてしまいます。

昨日和美さんからデンワで姫路へ来るよう誘ってくれましたが、とても今の自分の身体では無理ですが、親切でやさしい心には、感謝で一杯です。明日、介護保険の方が来て下さる由、大体一ヶ月に一度位尋ねて下さいます。私の歩行の事を考へ、整体の先生をすすめて下さいますので、お願いしようかと思っております。寒くなりました。身体にはくれぐれも気をつけて下さい。ひとみさんはどんな事でも気持よく手助けしてくれます。今の私はひとみさんなくしては、とても生活出来ません。何か明るい話しがあればよろしいのにね。毎日宣政の事、祈っています。身体くれぐれも大事にね。精神的に決して負けぬよう、お互いがんばりましょうね。

11月20日

12月3日　やっと裁判が始まりますね

宣政元気ですか。

28日内野先生達3人でおいで下さりお話し伺いました。勝利の日が一日も早く来る事を心から祈っています。宣政がよくがんばってくれていると思いますと、涙があふれてしまいます。

12月の新月は3日です。伝へるのがおくれました。私が心こめて祈ります。毎日祈っていると思いますので大丈夫です。

11月30日

心をおちつけて、しっかりがんばって下さい。身体大切にして下さい。やっと裁判が始まりますね。

11月29日 勾留中の息子より母への手紙

お母さん、昨日は内野先生方が来られたと思いますが、様子は聞いてくれましたか。裁判は12月25日の午後1時30分からです。2回目が1月8日の午前10時からで、毎週になります。かなり体も心も疲れてきました。昨日あたりから何もできません。すごく苦しくなってきました。あと2～3年入っているでしょう。毎週の裁判がとても辛いです。でもたまに見に来て下さいね。それと、必ず定期検診（PET）をすること。床暖房をすること。全て、ひとみに頼むこと。手紙も自分でポストに行かないこと。できる限り、人と話すこと（ナナ*でもいいから）。ころばないこと。元気でいて下さい。お母さんがたおれたら、僕は負けてしまうでしょう。兄さんにもよろしく。ひとみ、友佳、俊哉にもしっかり頑張るように言って下さい。もうすぐ友佳の誕生日です。祝ってやって下さい。

*ナナ　二階で飼っているポメラニアン。

12月3日 勾留中の息子より母への手紙

今、田渕先生に証人尋問の内容について（今日は森の供述調書の反対尋問と主尋問）便箋124枚と、山田の追加11枚を送ったところです。今まで多分7000枚ぐらいは書いていると思いますが、多い日は一日で50枚ぐらいは書いています。

精神的にも、頭も疲れています。おまけに日本の銀行向けに作った、データ・ベース・マーケティングの提案書や、検察が押収し開示した書類、その上日本証券業協会の作成している統計に至るまで、こちらから証拠として提出するのを不同意（提出できない）にされてしまっています。かなり追い詰めている証拠だとは思いますが、不公平な世界ですね。これから毎週水曜日は、手錠につながれて裁判所に行きますが、すごく疲れますね。

お母さんは体、大丈夫ですか。必ず床暖房をつけて、風邪ひかないように。そして、ころばないように。僕は毎日筋肉トレーニングをやっていますし、重い供述調書を探すのに相当力をつかっているとみえて、かなり筋肉がついてきました。それに、言いつけどおり牛乳は飲んでいます（平日だけ）。ストローも禁止だし、おはしも部屋に置けないので、ボールペンで、ストローの穴に穴を開けて飲んでいます。

明日も裁判所に行ってきます。とても気が重いです。13:15からですが4〜5時間*座布団もない部屋に一人で座っています。ここへ帰ってきたらホッとする自分がいやになってきます。

庭のお花はきれいですか。僕の庭はポリバケツの花*ですが、毎週差入れてくれるのが有り難いです。それから必ず検査に行って下さいね。

＊4〜5時間　拘置所から東京地裁へ行く人は、全員朝8時頃の同じバスで出発する。裁判所に着いたら、自分の番が来るまで、朝9時頃から何も無い部屋で待つ。　**＊ポリバケツの花**　花瓶を室内に置くことが許されていない為、トイレ用のバケツに花を活けて飾っていた。トイレ用のバケツとは、騒音防止の為水洗が使えない夜中に、トイレを流す際に使用するもの。

12月12日　これから裁判が始まりますが

宣政元気ですか。

12月10日午前9時から訪問リハビリテーションより理学療法士さんが来て下さって約40分位の間、いろいろリハビリをして下さいました。とても明るくお元気で、しっかりとされた良い方で安心しました。週一回来て下さるそうです。少しでも、健康につながればと思います。

これから裁判が始まりますが、どうか心をしっかり持って下さい。報道でテレビ・ラジオで*大変と思います。これからが本番です。健康に気をつけて下さい。

寒くなったためと思いますが、私は歩行が少し大変になってきました。ころばぬよう、むりせぬようにと心がけています。字が少し書きづらくなりましたので、度々手紙を出せぬと思います。おゆるし下さい。

1月の新月は「1月1日」です。心こめて祈って下さいね。俊哉、友佳、ひとみさん皆元気です。一日も早く家族皆で食事の出来る日のくるのを祈っています。

12月11日

＊**報道でテレビ・ラジオで** マスコミに報道されて大変だろうという意味。しかし、実際には殆どマスコミで取り上げられることはなかった。

12月12日 ≡ 勾留中の息子より母への手紙

お母さん、いよいよ裁判が始まります。

今日はお父さんの誕生日ですね。ロッテのカスタードケーキで、一人でお祝いをしました。早く向こうへ行ってお父さんに会いたいという気持ちが、すごく理解できます。

今日、血液検査をしてもらいました。結果は来週でしょう。毎朝が辛くて起きられません。糖尿の悪化か、抗不安剤のせいでしょう。抗不安剤はMaxまできています。

ところで友佳の誕生日はどうでしたか。皆に迷惑をかけて本当に申し訳ありません。宜しく伝えて下さい。

1年半から2年はかかりますが、頑張ります。無罪率0・1%*でも、目一杯頑張ったし、先生方も、ここまで頑張って下さったのだから絶対勝たなきゃね。

体には気をつけて下さい。必ず食事はひとみに頼むこと。僕に心配させないで下さい。

*無罪率0・1% 刑事裁判で無罪判決が出される確率のこと。

12月17日　一人での外出がとても不安で

宣政元気にしていますか。

裁判が近づいてきました。どうか助けて頂けますよう、勝利出来ますよう心から祈っています。

昨日（12月15日）夕方、友海がおいしいさしみ、ちゃんこ鍋セット、イチゴなど、とどけてくれました。必づ二階のひとみさんへも心づくしの品をとどけてくれます。

9日友佳の誕生日でしたが、皆都合わるいとの事で、21日に鍋料理でお祝する事になりました。私は歩行が心配で、一人での外出がとても不安で、出来なくなりました。買物など、ひとみさんが心よく助けてくれるので安心です。

宣政の健康が心配です。気をつけて、心を強くもち、勝利の日までどうか家族の為がんばって下さい。

12月16日

12月某日＝勾留中の息子より母への手紙

お母さん、来週いよいよ第一回公判です。僕は多分15分程度意見陳述*をすると思います。

マスコミの注目も殆んどなくなり、自分の主張を彼らにするのは最初の一回だけでしょう。どこまで信じてくれるかですが、今はあまり期待はしていません。しかし特捜案件の無罪率は0・1%であり、マスコミを味方にした者が勝っているのも事実です。そういう点ではすごく不利なことは確かです。その上、小野がやっていたことが全くわかりません。特に、資金や契約書は全てまかせていたのでよけいです。でも全ては社長の責任ですから、逃げる訳にはいきません。この一年半以上、やるだけのことは目一杯やってきたつもりです。

多分裁判は一年半ぐらいはかかると思います。毎週水曜日、午前10時から午後5時までです。2月5日と夏休みはありません。第一回だけは午後からになります。1時30分からです。

＊**意見陳述**　被告人・弁護人が意見を述べること。被告人が裁判の中で自ら発言できる数少ない機会。

12月24日 久しぶりに嬉しい話で明るい気分に

宣政元気ですか。

とても寒くなってきましたが元気かと案じます。ずい分長い間の勾留生活、どんな思いでいるのかと思うと胸が一杯になります。和美さんからデンワがあり、友海が教授になっていたとの事です。本人が何も言わぬのでわかりませんでしたが、先日、東大、京大の先生達と出した本を姫路へ送ってきたそうですが、その本の中に、教授と出ていたので、始めて知ったそうです。立派だと思います。私にも変わらぬ心づかいをしてくれますし、宣政の事も心から案じています。関西（京都）に仕事で行った時は、必ず母親の和美さんをホテルへよんで、珍しいところへつれて行ってくれるそうです。マンションも自分で買ったものです。大きい役が当たっているようで、とても忙しいようです。久しぶりに嬉しい話で明るい気分になれました。お正月はひとみさんが用意してくれますので、とても助かります。一日も早く一家5人での生活の出来る事を待っています。健康に十分気をつけて下さい。

12月19日

12月24日 勾留中の息子より母への手紙

明日、いよいよ第一回公判です。少し、異例のようですが、私も15分意見陳述をしますので、この4日間、ほぼ毎日12時間内容を書いていました。便箋も3～4冊使いましたが、どうしても長くなってしまいます。それに上の歯が差し歯なので、読み上げるのにきわめて苦労します。今日、先生に見てもらいますが、どんな出来か心配です。昨日は半分以上を作り直しました。なにしろ時計がないので、15分がわからないのが困ります。刑務官の人に3回か4回は計ってもらいましたが、昨日やっと14分台に入りました。でも大切なことを思いつき、また少し書き加えます。

今日は、クリスマス・イブですね。僕は、0・1%の戦いに備えます。

12月27日　毎週水曜日に裁判があるとの事

宣政元気ですか。

内野先生から25日午後5時過ぎ、お電話頂き裁判がおわった事、堂々とした態度だった事など、お知らせ頂きました。内野先生には心から感謝で一杯です。これから、毎週水曜日に裁判があるとの事。勝利にむかって行く事を心から祈ります。

ひとみさんは大阪のお母さんが体調がわるいとの事で26日まで大阪へ帰っております。寒さ一段ときびしくなりました。健康にはくれぐれも気をつけて下さい。一日も早くよろこびあへる日のくる事を祈っています。

12月26日

12月25日 ≡ 勾留中の息子より母への手紙

今日、第一回公判がありました。私も15分時間をもらいましたが、考えていたことがうまく話せませんでした。急に4日間考えたことを、大幅に短縮し、書きかえたので、とちってばかりで、残念ですが、長い戦いですから、これから頑張ります。予定では、H27年5月20日が最終陳述*ですから、最低でも、あと1年半はここに入っていなければなりません。もう、皆、この事件は忘れているだろうと思っていましたが、一応傍聴席は満席でした。たぶん一回目だけでしょうから、来て下さいね。

今日は、令四郎先生に聞いた話で、少し元気が出たのですが、刑事裁判の9割は自供しているらしいです。ですから、無実を主張している人の中で1割ぐらいは無罪なんですね。その上、多分科学捜査も進歩しているから、かなり正確に捕まえているのかもしれません。しかし、経済事件は難しいですからね。

＊最終陳述　実際には15年3月18日の公判で行われた。２１９ページの最終陳述書を参照。

12月27日 ≡ 勾留中の息子より母への手紙

お母さん、本当に心配させてすみません。

今、今年最後の先生への書類を発送したところです。朝からずっと書いていましたが、とても時間が足りませんでした。昨日一日中、放心状態だったので、本当にもったいないことをしてしまいました。明日は、土曜日ですが、内野先生が来てくださいます。25日は満席でしたが、来年からは誰も来なくなるでしょうから、俊哉とでも来て下さいね。

今日、ひとみが花を入れてくれました。花のない正月になるのかなと思っていましたが、嬉しいです。今は、何も他の事を考えず、事件のことに集中するように努力していますので、ふと花が目に入るとホッとします。

正月はいつもどおり、手巻き寿司を食べて下さい。良いお年をお迎え下さい。

2014年❖一日も早く喜びあえる日を

2012年自宅にて。
私の誕生祝い。
右が祖母鈴子、左が私。

1月1日 ≡ 勾留中の息子より母への手紙

お母さん、明けましておめでとうございます。今日はおせち（箱入）と紅白万頭、昨日は年越そばが出ました。お菓子もです。又、いつも通りの食事も出ます。昨年は正月に3kg太りましたが、今年も少しこわいです。昨年2日間で食べたおせちを、一日で食べしまいましたから。

ところで、今日は少し良いことがありました。休庁日の9日間は絶対郵便物の発送は駄目なのですが、この階の一番上の方に年末頼んだら、上司にかけ合って下さり、今日、多分二番目にえらい方に頼んで、もう一度念を押して送って下さいました。このお二人はとても良くして下さいます。

田渕先生がすごく疲れておられるのと、自分の考えをもう一度まとめ直して見てもらいたいのとで、先生の冒頭陳述を書いてみたのです。今までで一番論理的で、出来は良いと思っています。かなりの力作と思っているのですが、先生がどうおっしゃるかですね。3つの罪のうち、2つを作ったのですが、この分は圧倒的に勝っていると思っています。

1／4（土）には内野先生が接見に来られますので、この手紙もいつも通りパソコンに入れてもらいますね。

今日は、もうすぐ手巻き寿司ですか。僕は、連日10時間以上同じ姿勢で書き続けてい構疲れるものですね。すごく睡眠をとっているようです。明日からは全く頭を切りかえて、違うことを考えるつもりです。この1年半以上、考えていて、やっぱり僕は理科系*の頭なんだなと思います。じゃあそろそろ寝る用意をします。

＊理科系　父は学生時代から理科系で、京都大学入学時は農学部農林生物学科だった。しかし、毎日黙々と顕微鏡を覗く生活が性格的に耐えられず、一年後に経済学部へ転部した。

1月4日　新年を迎えましたが、やはり淋しい

宣政新年おめでとうございます。

今年は午年ですね。私共も無事新年を迎へましたが、やはり淋しいです。

私は、元旦は昭信、紀子さんが迎へに来てくれ、昭信宅で孫、曽孫達と10人でお祝しました。龍の子供が本当にしっかり立派に成長している（2才7ヶ月）のにびっくりしました。

健の子供は娘が二人で、とても可愛いです。夜は2階で御馳走になりました。

昭信が私にホームに入った方がよいと、すすめてくれていますが、安くとも月20万～30万円以上はかかるとおもいます。昭信が出すと言ってくれますが、私は宣政が帰ってくるまで、ひとみさん達とがんばりたいと思っています。歩行がだんだん悪くなるので迷います。

大変ですが、宣政は心を強くもち、最後の勝利の日まで、がんばって下さい。裁判にも出

たいと思いますが、歩行の事を考えて迷います。年末に野村の稲野様から美しい鉢のお花を頂き、宣政の名前で佐賀のお酒を送っておきました。何時までも心にかけて下さり嬉しいですね。この先2年位かかるとの事。最後の勝利の日まで皆でがんばりましょうね。どうかたえぬいて下さい。この一年の無事と良き年となりますよう心から祈っています。健康にくれぐれも気をつけて下さい。

1月3日

1月9日──ずい分長く会っていません

1月8日の裁判、ひとみさんが出席してくれましたが、私はとても歩行がむづかしくなり、行けませんでした。元気だった由、ひとみさんからききました。私は思うように歩行が出来なくなり、時間がくると歩行が全然出来なくなりました。宣政に会いたいです。ずい分長く会っていません。まだまだ先が長くかかるとの事ですが、心を強くもちがんばって下さい。私はどんな事があっても辛抱し、宣政が元気で帰ってくるまでがんばります。十分気をつけて、しっかり水分をとって下さいね。週一回の裁判大変ですが、どうか、がんばって下さい。

1月9日

1月16日 勾留中の息子より母への手紙

お母さん、手紙ありがとう。裁判は3回終わりました。あと、56回です。かなり辛いですが、何とか抗不安剤を減らして耐えています。明日で700日*ですが、まだ500日ぐらいありますね。何とか無罪を勝ち取りたいですが、かなりきびしそうです。ここからは先生にまかせていく比率が高くなり*ますが、信じてついていきます。あんな悪人どもに負ける訳にはいきません。

寒い日が続きますから、床暖房は必ずつけて、ご飯は、ひとみに頼んでね。検査も行くこと。お願いします。

＊700日　逮捕されてから未決勾留700日（2年弱）が過ぎようとしていた。父は、裁判が終わるまで保釈が許されないだろうと考え、残り「500日ぐらい（約1年半）」と言っている。　**＊比率が高くなり**　これまでは、差し入れてもらった証拠資料を元に自ら事件の真相解明の調査を行っていたが、裁判が始まれば、法廷で無罪を主張するのは弁護士に任せるほかないという意味。

1月20日 ついデンワしてしまいます

宣政元気ですか。宣政の事、一ときも忘れる事はありません。15日の裁判の事ききました。

宣政が元気で帰ってくるまで、何としても私はがんばりますが、今年は満92才、パーキンソンが一段とすすみ、歩行が思うように行かず、なさけないです。おいそがしい内野先生に御迷惑をかけるので、デンワをかけぬようにと、ひとみさんから注意されているのですが、ついデンワしてしまいます。何時もやさしく言って下さる先生に感謝で一杯です。

2年位裁判がつづくとの事ですね。それまで元気でいられるか不安ですが、がんばります。

裁判に出席出来ませんが、ゆるして下さい。

毎日きびしい寒さです。くれぐれも健康に気をつけて下さい。

1月17日

1月24日　1年半位かかるとの事

22日の裁判の事、ひとみさんからききました。大先生のお言葉では1年半位かかるとの事。何としてもがんばりましょうね。私は歩行が一段と悪くなり、一寸気がめいりますが、何としても宣政が元気に帰ってくるまではがんばります。今年の誕生日で、満92才となります。この度、食事宅配便をとってみる事にしました。一週間試食してみます。よければとても助かります。紀子さんがおしへてくれました。週一回訪問リハビリの先生が40分位ですが、いろいろ歩行の指導をして下さいます。とても良い方で安心して指導頂いています。暖かくなったら、外へ出て歩行練習をして下さるとの事です。ひとみさんが何時も気持よくしてくれるのが嬉しいです。一日も早く、家族五人そろへる日のくる事を心より祈っています。

1月24日 ‖ 勾留中の息子より母への手紙

お母さんお元気ですか。僕は体調は問題ないです。一回も風邪もひいていませんし、おなかを壊したりもしていません。精神面で、どう耐えるかだけです。睡眠は、最低でも8時間以上はとっています。ひどい時は10時間ぐらいの日もあります。この歳で、子供みたいですよね。お母さんは必ず元気でいて下さいよ。検査にも行って、ホガラカに。できる限り、皆と食事をして下さい。僕はこの2年間、毎日一人で食べていますが、お母さんの気持ちがよくわかるようになりました。

裁判が始まったので、あとは全てプロの田渕先生の指示に従います。ひとみが毎週差し入れてくれる花が楽しみです。最近は、そのあとに傍聴に来てくれます。お母さんは何も心配せずに、留守を守っていて下さい。暖かくなったら一度来て下さい。それから、俊哉が大丈夫な日に接見にも来て下さい。裁判も少し傍聴人は減ってきましたが、やはり、もっと減ってからのほうが良いでしょう。そうすれば、堂々と車イスで傍聴に来て下さい。日によって座る場所*が違うので、一番顔が見える日に来るように、先生に聞いて下さい。必ず食事は、ひとみに頼んで下さい。

***座る場所**　被告席は父・羽田さん・小野さんとそれぞれの弁護士が数人ずつ、その他に父達の両隣には刑務官がそれぞれ座っていた為、毎回15人程が所狭しと並んでいた。

1月29日　歩行時間がだんだんと短くなり

宣政元気ですか。内野先生が宣政の事、お電話で伝へて下さるのが、何よりの楽しみです。私は歩行時間がだんだんと短かくなり、とても不安です。紀子さんから教へてもらった食事宅配便を一週間程とってみております。今日で4日目ですが、どうも自分にあってなくて、やはりやめようと思っております。歩ける時間がだんだん短かくなり、何時も時間におわれ気ぜわしい日々です。週一回訪問リハビリテーションの先生が今日こられ、40分程いろいろ教へて下さいました。明るくとても良い方でよろこんでいますが、効果はなかなか出ません。あせらずがんばってみます。

この度面会の手続きを内野先生がとって下さり、会へる日を楽しみにしております。健康にはくれぐれも気をつけて下さいね。乱筆おゆるし下さい。

1月28日

2月8日　本当に久しぶりに会いました

宣政、5日は本当に久しぶりの会う瀬、あっという間に時間がすぎてしまいました。一ときでも会へた事は私には、とてもよろこびです。心中は大変と思いますが、態度がとても落ちついて、しっかりとし人間が大きくなった感じがし安心しました。

以前女性の役人*で、誤認逮捕され、後に釈放された方がありましたが、どんなにくやしかったかと思うと胸がつまります。

最近とても寒い日がつづいております。健康には十分気をつけて下さい。私は6月で満92才となります。家族にいろいろ迷惑をかけています。宣政が元気で帰ってくるまでは、どんな事があってもがんばります。大変と思いますが、どうか、がんばって下さい。　2月7日

＊女性の役人　村木厚子さんのこと。二〇〇九年、厚生労働省元局長時代に郵便法違反・虚偽有印公文書作成の容疑で逮捕・起訴される。一貫して容疑を否認し続け、翌年、無罪が確定すると同時に、大阪地検特捜部検事の証拠改ざんが明らかになった。

2月15日　勝利の確率は0・1%

宣政元気ですか。

とても寒い日がつづいております。明日は又雪との事。

先日会った時、宣政が勝利の確率は0・1%と言ったとの事、ひとみさんからきき、頭が真っ白になりましたが、0・1%でもあれば、神様は必づ助けて下さると思い直しがんばっています。

和美さんが姫路へくるよう言ってくれますが、今の私の状態ではとても行けません。ひとみさんは一年後この家を出るといっています。家屋税の事など考へての事と思います。今は私が半分出しております。昭信達は私に介護施設への入居をすすめてくれていますが、私は迷っています。
宣政の考へをききたいと思い、お便りします。身体大切にして下さいね。

2月13日

2月21日　近い内にこの家を出なければならなくなる

内野先生よりのおデンワで宣政の手紙をよんで下さいました。大変な状態の様で胸がつまります。ひとみさんの話しで、近い内にこの家を出なければならなくなる*との事。荷物の整理だけは早くせねばと思いますが、不自由な身体なので、とても大変です。私は絶対内野先生が助けて下さる事を信じています。新月の神様も必づお守り下さり、助けて下さる事を信じています。次の新月は3月1日です。
宣政は歯痛とか、どうか早くおさまるよう祈っています。東京は雪が多くとても外出出来ません。昔和美さんが、姉さんは私が最後までみてあげるから姫路に居るよう言ってくれた事を思い出します。すんだ事を言っても仕方ありませんね。何の役にも立たず迷惑をかけるばかりです。少しでも良い事がありますよう、心から祈っています。健康にはくれぐれも気をつけて下さい。

2月19日

＊近い内にこの家を出なければならなくなる　仮差し押さえ中の自宅が本格的に差し押さえられて近いうちに立ち退かなければならなくなるかもしれない、と内野先生から聞いた為。

2月26日　一年以上はかかるときいて

毎日寒い日がつづきましたが、ようやく暖かくなるようです。お元気ですか。裁判はむづかしいのでしょうか。なるべく明るく考へるようにしていますが、一人でいる事が多いので、ついくらくなります。歩行もよくなく一日がとても長いです。歯痛はどうですか。案じています。健康にはくれぐれも気をつけて下さいね。一年以上はかかるときいて、宣政の気持を考へると、気がめいってしまいます。３月１日は新月です。心をこめて祈って下さい。

暖かくなったら、早く荷物の整理をと思っています。宣政、龍、健、友佳から頂いた花の鉢植は持って行けないと思っています。少し淋しいですが…　心を強く持ってがんばりましょう。

2月25日

2月28日　勾留中の息子より母への手紙

元気ですか。7回目の裁判が終わりましたが、まだ50回ぐらい予定されています。結果はどうなるかわかりませんが、今までの2年間は、僕の人生の中で、これ程一つの事に集中したことがないぐらい全力を尽してきました。急に歯痛が始まり、一時は裁判に出られないかと心配しましたが、刑務官の人達が上の方へ頼み込んでくださり、診察*をしていただきました。今は、火曜日と金曜日に治療してもらっています。

検察は何が何でも有罪をとらなければならないようで、かなりひどいやり方に出てきています。証人尋問も、全く理屈が通っていないと思います。いずれにしても、我々は正論をつらぬいていきますので、苦しい戦いになります。

お母さんには本当に心配をさせ、大変な親不孝息子になってしまいましたね。でも最後まで全力で頑張ります。ご飯はひとみに頼んで下さい。それから検査も必ず行って下さい。それが僕のためだと思って下さい。ひとみにも毎週有難うと伝えてもらえると嬉しいです。では3月にまた来て下さい。

＊診察　通常なら一～二ヶ月待つ。

3月9日 ＝ 勾留中の息子より母への手紙

今週は裁判は休みになりました。ある証人の尋問予定が、4回だったのが3回で終わってしまったからです。粉飾を知っていたとされている証人は5人*ですが3人が終わりました。あと重要なのは3〜4人ですが、その後は、検察のいやがらせのような証人尋問が今年いっぱい続きます。田渕先生の話では、検察は何が何でも有罪にするつもりらしく、なり振りかまわずという状況で、証人の供述調書と全く違ったことを証言させたり、証言した内容で不利なところは露骨に言い直させたり*しています。それを聞いていると、ひょっとしたら勝てるかもと思ってきます。冷静さと常識を捨てた方が負けます。何しろ、検察側には全く物的証拠もないですし、証人尋問以外には何もないのですからね。この4日間で便箋を5冊ぐらい使いましたが、今日までにやる分は、やっと仕上げました。

歯痛もやっと楽になってきて、少しはまともに食べられるようになってきました。いずれにしても、まだまだ続きますし、気合いを入れて考えなければなりません。でも不思議なことに腰痛と、首の痛みが最近出てこなくなりました。胡坐をかいて一日中座っていると、座禅と同じなんですかね。ただ乾燥肌がかゆくてたまりませんが、かくものがないので苦しいです。

しかし、ここまで大規模な捜査をして大騒ぎをした特捜案件で、2年以上3人ともが無罪を主張し、あそこまで検察をなり振りかまわない状態にした例は、過去殆んどないのではないでしょうか。すごく辛くて苦しいですが、ここまで好き放題にやってくれたのですから、ここからは思いっきりやり返すつもりです。刑務官の方も感心しておられますが、今までここまで嫌がらせをされ、こんなに長く勾留されている人も珍しいが、これ程すごい量の便箋を使っている人を見たことがないと。そのへんの小説家よりすごいと思いますよと言われました。

ところで、お母さんはきちんと検査に行ってくれていますか。歩行には気をつけて。

しっかり待っていて下さいね。それから、ひとみにラッキョと海苔はしばらく止めて下さいと言って下さい。ドラ焼きをこの間、差入れてもらったのですが、再度ひとみに頼んで下さい。それから本もお願いします。

それじゃ、また手紙書くね。

＊5人　オリンパス旧経営陣の5人のこと。元社長の菊川氏、元副社長の山田氏・森氏、元常務の中塚氏、財務部課長の京相氏。　**＊言い直させたり**　午前中に証言した内容を昼休憩後に突然変更するなど。

3月12日　ホームに入る事はやめるよう言ってくれますが

宣政元気ですか。

何時までも寒いですね。出来るだけ明るくと思うのですが、一人でいると、ついめいってしまいます。宣政の事を考へるとたまらなくなります。自分の弱さにははづかしいです。

昨日久しぶりに、明石さんが電話してくれました。明石さんも足腰がよわり、ころぶ事が多いとの事。私がパーキンソンがなければ姫路へ帰りたいです。整理を早くせねばと思うのですが、なかなか出来ません。身の廻りのものだけ残して殆んど処分せねばと思っていますが、すてるのも大変です。宣政はホームに入る事はやめるよう言ってくれますが、昭信達は入るようすすめてくれます。私は絶対いやですが、どうなるかわかりません。通院したり、買物する時は介護保険の方が来て下さいます。皆さん、とても良い方で安心です。私は内野先生が必づ助けて下さると信じています。新月の神様も守って下さり助けて下さる事を信じています。大変ですが、どうか私達家族のため勝利をかけて、かちとるまでがんばって下さい。身体くれぐれもお大切にして下さいね。

3月11日

3月26日　早ければ6月に家を出て行かなければ

宣政元気ですか。

一ときも宣政の事忘れる事はありません。今日はとてもおだやかな天気です。早ければ6月に家を出て行かねばならぬ由、ひとみさんからきいていますので、整理をと思うのですが、体調わるくなかなか出来ません。友佳はよくがんばっています。夜がおそいので心配ですが元気にしています。

春の高校野球が始まっています。私は女学校の時テニス部で県大会など出かけておりました。今の自分がなさけないです。何といっても健康が第一です。自分で努力しても治らぬ病気ですので尚つらいです。

ひとみさんには、いろいろ迷惑をかけていますが、何時も気持よく手伝ってくれます。感謝しています。私の事は心配しないで下さい。宣政は心を強くもって下さい。内野先生が必ず助けて下さいます。身体くれぐれもお大事に願います。

3月25日

「新月は3月31日です」

3月30日 ║ 勾留中の息子より母への手紙

お母さんいつも手紙ありがとう。先週の金曜日に見せていただいた手紙の中に、早ければ6月に自宅から出ていかなければならないというのを見て、強烈なショックを受けました。お母さんを介護施設に入れるなんかとても耐えられません。あまりに落ち込んでいたと見え、刑務官の方が、日本の司法の不公平さに負けないでほしいと30分ぐらい力づけて下さいました。ハカマダさん*という人は48年間も無実でありながら東拘*におられたようですね。死刑を宣告された48年間は辛いという言葉を完全に越えていたと思います。鈴木宗男さん*の話も聞きました。再度復活するためにと、毎日腕立伏せなどをして体力作りをされていたらしいです。

違う方にも長時間力づけてもらい、（多分このフロアで一番偉い人）、この土・日は一日12時間以上、証人尋問の内容の作成をやりました。2日間で使った便箋は3冊以上です。我々一家は金銭的にはこれ以上落ちることはないでしょう。ここを底にして必ず立ち上がってみせます。勝てばオリンパスからの未払い報酬*や賠償金が入ってきます。裁判は明らかに有利な状態*です。何とかこの一年、苦しいでしょうが耐えて下さい。裁判には、私達を待ってくれている元社員の方が一人はほぼ毎週、もう一人も月に2回ぐらい来てくれています。僕はまだ60才です。あと20年は戦えるでしょう。血液検査は糖尿の数字が若干高いだけで、肝臓、腎臓はパーフェクト。高いと言われていた中性脂肪やコレステロール値も正常になりました。筋力もかなりついてきました（もも上げも毎日210回はやっていますよ）。ボケた頭も戻ってきているような気がします。刑務官の人達からも最後まで戦い抜いて絶対に勝ちましょうと言われています。何とか一年頑張って下さい。ひとみ、友佳、俊哉にも、本当の父親の強さを見せてやると伝えて下さい。明らかに、気持ちの切り換えの力や精神力は、2年前と大分違ってきているのは自分でわかります。皆で耐えて下さい。

＊ハカマダさん　袴田巖さんのこと。１９６６年、静岡県清水市（現在の静岡市）で一家4人を殺害したとして、強盗殺人容疑で逮捕・起訴される。一貫して無実を主張したが、１９８０年に最高裁で死刑が確定。48年間収監された後、検察による証拠改ざんの可能性が高まり、２０１４年に釈放された。　**＊東拘**　東京拘置所の略。　**＊鈴木宗男さん**　参議院議員の鈴木宗男さん。２００２年、あっせん収賄罪・政治資金規正法違反などの容疑で逮捕・起訴される。全ての容疑を否認して「国策捜査」だと主張したが、２０１０年に最高裁が上告棄却を決定した為、懲役2年の実刑が確定した。現在も再審請求中。　**＊未**

払い報酬　オリンパスから支払われていない２００６年の成功報酬のこと。　*有利な状態　前年５月の予定主張書面で指摘した臼井氏の偽筆について、証人尋問で臼井氏本人も偽筆だと認め、それがオリンパスの指示によるものだったとも証言している（しかし検察はこれを「代筆」と主張）。この頃はまだ、自分達の有利な証拠に関して裁判所が正しい判決を下すものと父は信じていた。

4月2日　よくがんばっていると

3月31日午後、内野先生よりお電話を頂き宣政に会って下さったとの事、元気の由ききました。宣政からの手紙をよんできかせて下さいました。よくがんばっていると思い胸が一杯です。宣政の事を考へるとたまらなくなります。

今日は新月です。心こめて祈ります。宣政が元気で帰ってくるまでは、どんな事があってもがんばります。安心して下さい。

お忙しい内野先生に、申しわけないと思い乍らデンワをしてしまいます。何時もやさしく接して下さり感謝で一杯です。先生のお声をきくと心が安まります。日により私は、びっくりする程長い時間歩ける事もありますが、やはりだんだん歩行はむづかしいです。身体くれぐれも大切にがんばって下さい。家族皆元気です。安心して下さい。

3月31日

4月9日　私が健康なら裁判の日に

宣政元気ですか。私達も皆元気です。

宣政の毎日を考へると、胸一杯になります。無性に会いたく、たまらなくなります。私が健康なら裁判の日に出席したいのですが、歩行がむづかしくとても出られません。唯々宣政達の勝利を祈るばかりです。私は出来るだけ歩行訓練が大事との事で、毎日20分は家の中でつづけて歩く練習をしています。1日2〜3回出来ればと思うのですが大変です。今日内野先生にお電話させて頂きました。先生のお話しでは宣政がとてもしっかりと勝利に向ってがんばっているとの事。とても安心しました。嬉しいです。青天白日の身となり元気に帰ってくるまでは、内野先生の暖かいおやさしさに支へられ乍らがんばりましょう。

4月7日

4月21日　無理して歩行すれば何とか

長い連休がつづきます。宣政がどうして過ごすのかと考へるだけで、胸一杯になります。

先日NHKテレビで、チョコレート（ブラックチョコレート）がとても健康に良いと出ました。超ヘルシーで血圧を低下させ、認知症予防、キズ治療、抗酸化作用もあり、とても良いとの事です。私がパーキンソンを発病した時、チョコレートがとてもよいとすすめて下さった方がありましたので、少しづ、食べていました。是非宣政も健康の為食べて下さい。さし入れの時、ひとみさんにお願しようと思っています。母や家族のため、どうか苦しいでしょうが、最後の勝利の日までがんばって下さい。

私は今月始め順天堂でお願してパーキンソン用の張り薬を頂いて使用していますが、良いように思います。全く歩行出来ない時間がかなり短くなり、無理して歩行すれば何とか歩けるようになってきました。健康にくれぐれも気をつけて下さい。もう少し歩行が良くなったら、裁判の日に出かけてみたいです。宣政に会へる事を心から願っています。

4月20日

4月23日　裁判が少し早くなるかも知れぬと

宣政元気ですか。

4月20日はひとみさんの誕生日だったので、俊哉の提案で、4人で焼肉屋さんへ行きました。ずい分久しぶりです。私のため車椅子を持参してくれましたが何とか自分の力で歩く事が出来ました。宣政の事を思い胸が一杯になりました。一日も早く家族5人で行ける日のくる事を心から願います。

昨日内野先生へお電話しました。お多忙中ですのに折り返しお電話頂き、宣政が元気な様子、きかせて頂きました。裁判が少し早くなるかも知れぬとの事承りました。

4月の新月は29日です。宣政が健康でありますよう、一日も早く青天白日の身となり元気に帰ってくる事が出来ますよう、心こめて祈ります。

4月30日　思いがけず長く安定して歩ける日も

宣政元気ですか。

ずい分長く会っていませんが、何時も宣政の事を思い日々すごしています。私自身症状が少しづゝですがよくありませんので、どうしてもひっこみじあんになってしまいます。思いがけず長く安定して歩ける日もあります。精神的なものがあると思います。

くるしくつらい毎日とおもいますが、家族のため最後の勝利の日までがんばって下さい。これから長い連休がつづきます。どうしてすごすのかと心がいたみます。身体には十分気をつけて下さいね。

明日29日は新月です。健康で一日も早く帰ってくる事を、心から祈っています。乱筆でおゆるし下さい。ひとみさん、友佳、俊哉皆元気です。安心して下さい。

4月28日

5月1日　勾留中の息子より母への手紙

お母さん、元気ですか？　少し長く歩けるようになって、よかったね。

裁判は少し短くなります。オリンパスのひどさは、大変なものです。また検察の悪どさもかなりなものです。でも奴らには何の証拠もなく、理屈にもなっていません。供述調書は完全に無視し、自分達の主張していた証明予定事実*からも、どんどん離れています。支離滅裂ですね。重要な証人はあと2〜3人ですから、少し暇になるでしょう。特に夏休みで一ヶ月裁判は休みになりますので、その間が逆にきびしいですね。できるだけ、お母さんも前向きに、家族で食事に行ったりして下さい。誘いは絶対に断わらない事。僕の分まで楽しんで下さい。4／29の新月もですが、毎日、お祈りをしてから寝ています。また接見にきて下さいね。

＊証明予定事実　公判開始前に検察が提出するもの。

5月7日　宣政にはささやかなお祝いを

宣政、休日がつづきます。どうしているかと案じていましたら、5月3日内野先生よりお電話頂き、宣政からの手紙をよんで下さいました。嬉しくて涙で一杯になりました。先生から又会へるようにするとのお言葉頂きました。5月22日宣政の誕生日です。私達4人で心ばかりお祝いの食事にと思っています。宣政にはささやかなお祝いをひとみさんにさし入れて頂こうと思っています。友佳は帰りが大変おそいのですが、元気にがんばっています。

歩行がだんだんむづかしくなりますが、心だけはしっかり強く持ってがんばりますから、安心して下さい。内野先生のお声をきくと、しばらくは体調がよくなり明るくすごせます。宣政からもお礼申し上げて下さいね。では身体くれぐれも大切にして下さい。

5月4日

5月9日　曽孫達の成長ぶりに、びっくり

唯今8日午後5時です。内野先生からお電話を頂き嬉しくて胸が一杯になっております。宣政が元気の由伝へて下さいました。宣政からの手紙よんで下さいました。何時も私の健康の事気づかってくれ、嬉しく思っております。

先日5日に昭信夫婦と健一家が来てくれました。6日には龍一家3人が来てくれました。曽孫達の成長ぶりに、びっくりしました。可愛いく皆元気に育っているのが、何より嬉しいです。

宣政どうか勝利の日までたえぬいて下さいね。宣政の言うように出来るだけ外へ出る事を心がけます。どうか健康には十分気をつけて下さい。

5月8日

5月15日　ひとみさんがブラウスをプレゼントして

宣政元気ですか。

11日の母の日に、ひとみさんがブラウスをプレゼントして下さいました。大変な時なのにすまない思いと嬉しさで一杯です。ひとみさんは何時、何をたのんでも気持よく受けて下さるのは嬉しく感謝で一杯です。

私は歩行がだんだんむづかしくなり、外出するのがとても少くなりましたが、家の中では出来るだけ歩く練習をしています。一家5人そろって食事出来る日が一日も早く来ますよう祈っています。内野先生達が必づ助けて下さると信じています。健康にはくれぐれも注意して下さいね。

5月14日

5月20日――22日は誕生日ですね

宣政元気ですか。

22日は誕生日ですね。先日ひとみさんにお願して、心ばかりさし入れて頂きましたが受けとって頂けた事と思います。健康を何時も心配しています。十分気をつけて下さいね。お願します。

一日も早く自由の身となれますように祈っています。毎日が大変と思いますが、よくがんばっていますね。ひとみさんが何時も庭にいろんな花を植えてくれます。眺めるのは私一人と思いますが嬉しいです。友佳は毎朝8時すぎに出社しています。

天気が良ければ、今月は皆と会食に出かけたいと思っています。私の体調がよければの事ですけれど…
身体くれぐれも大事にと願います。

5月22日 ≡ 勾留中の息子より母への手紙

今日で、60歳になりました。お母さん誕生日祝いありがとうございます。僕は、3回目の一人での祝いをします。

そろそろ、一度拘置所にも来て下さい。7月の中旬から一ヶ月、裁判はありません。

友佳ちゃんは、いつも真白い服で来てくれますが、本当に嬉しいです。元の会社の人も、一人はほぼ毎週来てくれますし、あまり話をしなかった人も、よく来てくれます。殆んど会話もなかった事務の女性も来てくれたり、差入れをしてくれたりします。高給を出して、車まで用意してやった人間などは、メチャクチャひどい供述をしたり、一度も顔を見せません。ここに入って、人間の本質や、人の見方がわかるようになりました。よく来てくれる男性2名は、僕達の机を用意して待っていると言ってくれています。

今後どうなるかわかりませんが、残りの人生は、この2年間助けていただいた人々に精一杯恩返しをする人生にしていくつもりです。そして、馬鹿にされた内熱調理とBV4を成功させてみせます。2年以上目一杯努力してきたつもりですが、こんな所で人生最大の努力をすることになるとは予想もしませんでした。でも、まだ出来ることは沢山あるはずです。もっともっと努力が必要なのかもしれません。

お母さんは、もっとわがままになって堂々と生きて下さい。車イスでも外に出られるのだから幸せじゃないですか。できるだけ皆で食事をして下さい。僕のために辛い人生になるようなら僕はもっと辛くなります。結果はどうであれ、堂々と戦っていますから。多分、戦後最も特捜を苦しめているのではないでしょうか。必ず、近いうちにお顔を見せて下さい。楽しみに待っています。堂々と会いに来て下さい。

5月30日　小野さんが釈放された

宣政元気ですか。

28日ひとみさんと俊哉が裁判所へ昼すぎ出かけましたが、扉がしまって裁判がなかったので帰って来ました。私は内野先生へおデンワでお尋ねしましたら、その日によっておそく開く日があるとの事でした。その時内野先生から、小野さんが釈放された事を承りました。私は毎日新月の神様にお祈りし、横尾、羽田、小野の３人が無事帰ってくる事を祈っております。一人でも釈放された事は、とても嬉しいです。必づ助けて下さると信じています。

29日は新月です。心こめて祈ります。

明日は植木屋さんが来て下さるとの事です。一日も早く青天白日の身となり元気に帰ってくる日を待っています。身体くれぐれも大切にして下さい。

5月28日

6月3日　何時も人の目にさらされているよう

宣政元気ですか。

先月29日（木）植木屋さんが来て下さって、とてもすっきりと涼しげになりました。何時も人の目にさらされているようですので、庭がさっぱりしているのは、とても良いと思います。私は歩行がだんだんむづかしく、ひとみさんに迷惑をかける事が多くなっているのですが、気持よく接してくれ嬉しいです。どうか安心して下さい。まだまだ先は長いと思いますが、最後の勝利の日まで皆でがんばりましょう。必づ、新月の神様、内野先生が助けて下さる事を信じております。

ずい分暑くなりました。水分は十分とって下さい。宣政がどのようにつらい日々かと思うと、たまらなくなりますが、出来るだけ明るくと心がけています。

健康にはくれぐれも気をつけて下さい。

6月2日

6月16日　長らく外出しておりません

内野先生が13日お電話下さって、宣政と面会して頂いて、元気の様子伝へて下さいました。

何時も内野先生のお声をきくと、嬉しく元気が出ます。有難く感謝で一杯です。6月の新月は27日です。心こめて祈って下さい。一日も早く青天白日の身となり、元気に帰ってくる事が出来ますよう日夜祈っております。明日から晴れがつづくようです。真夏日となり、暑さがつづくと思います、健康に気をつけて下さい。長らく外出しておりません。歩行があぶないのでどうしても不安で出られません。ひとみさん、友佳、俊哉元気です。安心して下さい。家族5人で外出の出来た頃がなつかしいです。もう一度来る日を楽しみに待っています。健康にくれぐれも気をつけて下さいね。

6月14日

6月某日 ═ 勾留中の息子より母への手紙

お母さん、いつも手紙有り難う。予定では、10月22日には保釈になるかもしれませんが、保釈金がありません。1500～3000万円ぐらいでしょう。何とか出たいですね。

僕の誕生日には、食事に行ってくれましたか。何回も言いますが、車イスで出られることは幸せなんですよ。90年以上社会貢献してきたんだから堂々と車イスで出掛けて下さい。今月はお母さんの誕生日ですね。必ず皆で食事に行って下さい。僕は一人で、お母さんの誕生日祝いをやらせてもらいます。土曜日だから、兄さんとも食事をして下さい。ひとみ、友佳、俊哉とも話して、土曜日と日曜日は思いきり楽しんで下さい。メソメソしていたら運が逃げていくかもしれません。是非、運を引き入れて下さい。それから検査も行って下さいね。

6月22日　私の事は心配しないで下さい

宣政元気ですか。

18日の裁判に友佳がひとみさんと行ってくれました。胸が一杯になったそうですが、会へた事はとても嬉しかったそうです。つらい日々と思いますが勝利の日までがんばって下さい。

午後4時頃手紙を書いていたら、内野先生よりのお電話で宣政からの便りをよんで下さいました。涙があふれ乍ら先生からのお電話ききました。よろこび会へる日が一日も早くくる事を心から祈っています。私の事は心配しないで下さい。ひとみさん、孫達、心からやさしく接してくれています。嬉しいです。私は上京した当時、佐賀まで東京から新幹線で日帰りしていた事を思い出しています。健康が第一ですね。身体にはくれぐれも気をつけて下さい。乱筆おゆるし下さい。

6月20日

6月20日　勾留中の息子より母への手紙

お母さん、お誕生日おめでとうございます。必ず勝って帰るから待っていてね。今週は、友佳も来てくれました。いつも白いスーツがとても似合っています。そう言っておいて下さい。それから、この間、友佳に上着をひっぱって見せたのは、何とか、ゼニヤのビニール地の上着を探してくれという事です。先日差入れてくれたのは10年ぐらい前のものでダブダブです。やはり、冬物で行くと暑くなってきました。1階にあると思います。

ところで今週の日曜日は、必ず皆で食事に行って下さい。絶対にですよ。僕も一人でお祝いをしますから。

あと125日で証人尋問が終わりますから保釈金を借りられれば出られるかもしれません。お母さんも息子を信じていて下さい。出たら必ず佐賀に行こうね。お父さんにすごく会いたくなります。僕が一番尊敬している人ですから。じゃあ、また手紙を書くね。

6月25日　野村の上司だった後藤様が今年も

22日私の誕生日は雨でしたが、朝から昭信達が龍一家と来てくれました。龍の子供が私の似顔絵を書いて持ってきてくれました。とてもユーモアがあって、ながめているとつい笑ってしまいます。ずい分しっかりとして可愛く大きくなっていました。芳子さんは北海道のメロンを送ってくれましたし、冬至子さんは珍らしい梅のお菓子を送ってくれ、皆のやさしさに感謝で一杯です。
先日、野村の上司だった後藤様が今年もおいしいサクランボを送って下さいました。皆様本当に宣政の事、心から信頼され思って下さっていて感謝で一杯です。一日も早く青天白日の身となり皆様へ御礼が申し上げたいですね。神姫バスの石戸さんから手作りのハガキで便りを頂きました。身体にはくれぐれも気をつけて下さい。

6月24日

7月4日 ≡ 勾留中の息子より母への手紙

お母さん、元気ですか。僕は証人尋問の終了まであと111日です。その時に保釈が許されるのか、それに保釈金が用意できるのか。そして判決がどうなるのか。かなり精神的に苦しくなってきました。2年半近く必死で、精一杯戦ってきたつもりですが、それらをまとめた書面を作り直していますが、読み直してみて情けなくなってきます。こんなに頭が悪かったのか、こんなに精神力が弱かったのか、お父さんのような強さにあこがれています。そして自分の弱さに嫌気がさしてきます。7月の中旬から1ヶ月裁判は休みになりますので、是非一度は来て下さいね。ここに入って、強くなったのは、足の筋肉だけのような気がします。

ところで誕生日は兄さん達が来てくれて良かったですね。

正義と正反対にいる検察には絶対に勝たねばなりません。だから、皆で会いに来て勇気を下さい。かなり限界ですから。

7月8日　宣政の買ってくれていたアジサイの花

宣政元気ですか。

何時も宣政の事が頭から離れません。健康にはくれぐれも気をつけて下さいね。近い内にひとみさんに、心ばかりですがさし入れをことづけようと思っています。受けとって下さい。宣政の買ってくれていたアジサイの花、今年もきれいに咲いています。ひとみさんが庭の手入れを良くしてくれて何時も楽しくながめています。時々家族で食事をしている夢をみる事があります。一日も早く現実になれば嬉しいですね。

和美さんがよくデンワをかけてくれます。何の気づかいもなくおしゃべりの出来るのはとても嬉しいです。

私は歩行がだんだんむづかしくなり、迷惑をかけぬようにと願っています。一日も早く宣政の帰ってくる日を祈り待っています。

7月6日

7月某日 ＝ 勾留中の息子より母への手紙

お母さん、来週で裁判はしばらく休みに入ります。これからが最もつらい一日一日になるでしょう。人生で最高の努力を続けてきた2年5ヶ月ですが、何とか最後まで最善を尽します。状況的には圧勝だと思いますが、日本の司法はきわめて不公平らしいので全くわかりません。

健康状態は90点らしいですから問題はないようです。お母さんも必ず検査に行って下さいね。もう少し、希望を捨てずに戦います。

7月14日 ― 自分で出来るうちは

宣政元気ですか。

台風も無事通りすぎ思ったより小さくすみました。一日が長い事と思います。私は自分の身体の事で迷惑をかけぬようにと願っています。ひとみさんは、どんな事でも心良くきいてくれ、本当に有難いです。食事も一緒にと言ってくれますが、自分で出来るうちは自分の為と思ってがんばります。

いまだに神姫の方が心づくしの品を送って下さるのは嬉しく、お父さんの人徳のおかげと思っています。尚志さんが宣政の事心配して、デンワをかけて下さいました。一日も早く青天白日の身となり、元気に帰ってくる日を待っています。乱筆ですみません。身体くれぐれもお大事にと祈ります。

7月12日

7月18日｜心ばかりさし入れをことづけました

16日の裁判に友佳がひとみさんと出席してくれました。宣政が元気だったと報告受けました。私も会いたい思いで胸が一杯ですが、迷惑をかける事を思い出かける事が出来ません。15日にひとみさんに心ばかりさし入れをことづけました。受けとってくれた事と思います。27日は新月です。心こめて祈って下さい。私が元気なら、もう少し役立つ事が出来ると思いますが、今は迷惑をかけるばかりです。宣政ががんばってくれている事を内野先生からおききし、とても嬉しいです。正義は必ず勝ちます。健康にはくれぐれも気をつけて下さい。

7月17日

7月22日‖勾留中の息子より母への手紙

お母さん、来月は久し振りで会えますね。車イスでも大丈夫ですよ。もっと自信を持って下さい。

保釈はやっぱり駄目だったけど、もう少しガマンします。この間も、勾留延長通知（毎月）を持って来た刑務官の方（殆んど話をしたこともない人）が『頑張ってよ。見てるからね。』と言って下さいました。何人もの人が応援してくれています。

この3連休と今日で40時間以上かけて書類を作りました。もう1万枚ぐらいは作ったと思います。でも、少しずつ新しいことが見えてきてまた作り直します。この生涯で一番努力をしていると思いますが、もっと考えないと、とあせってばかりです。睡眠は充分取っています。ここに入っている人の中では珍しいタイプらしいです。皆、眠れなくて薬をもらっているようですが、僕は8～10時間寝てると思います。勿論、何回か目をさましますが。その都度、思いついた事を、調べたりして寝不足になる事もあります。でも、一日中考え続けていると、疲れるんですね。

お母さんは、ゆっくりのんびりと暮していて下さい。それだけが僕の望みです。勿論、友佳ちゃんや俊君の事も考えていますが。また手紙書きますね。

7月24日　保釈の日を一日千秋の思いで

手紙を書いていたら、内野先生よりのお電話で宣政の伝言を承りました。先生のお声をきくと何時も元気に心が明るくなります。宣政が元気にがんばっている様子安心しました。近い中に面会出来るとの事嬉しいです。３名との事、俊哉、友佳、私でひとみさんは辛抱してくれるそうです。

先日ひとみさんが夏のブラウス買ってくれました。軽く涼しく洗ってもすぐかわいてとてもよいブラウス、嬉しいです。

宣政が、勝利に向ってがんばってくれているのは母として、とてもたのもしく嬉しく私自身がんばる力がわいてきます。保釈の日を一日千秋の思いで祈っています。27日は新月です。会へる日を待っています。

7月23日

7月31日 ≡ 勾留中の息子より母への手紙

お母さん、毎日のように先生に手紙を送ってもらい、本当に感謝しています。近日中に会えるとのこと、大変楽しみにしていますが、わずか30分間です。せめて1時間は欲しいですが、しかたありませんね。

前回は2月28日の午前11時25分からでした。

もう5ヶ月以上になるのですね。会えるまではすごい楽しみですが、30分経ったあとは、淋しくてつらくて耐えられなくなります。

長い廊下を歩いて部屋に帰る時には胸が苦しくなります。今までは、午後に先生が来ていただき、少し落ち着いた気持になっていました。

暑いですから、ペットボトルを持参するように。そして補聴器は必ずつけてきて下さい。

8月6日　何時でも出かけるという事がむづかしく

宣政元気ですか。

先日ひとみさんと友佳が面会出来て、宣政の元気な様子承りました。私は以前よりも足が不自由で、何時でも出かけるという事がむづかしくなりました。内野先生達の御努力で一日も早く宣政が釈放され元気に帰ってくる事を心から待っています。宣政の健康を何時も祈っています。私は俊哉の都合の良い日に車で宣政に会いに行けそうです。心から待っています。私は皆に迷惑をかけて本当にすまないと思っていますが、皆気持よくしてくれる事はとても嬉しいです。私の事は安心して下さい。会へる日を楽しみにしています。

8月5日

8月12日　近い中に面会出来る

宣政元気ですか。

近い中に面会出来ると、ひとみさんからききましたが、何時かわからぬので、とても待ち遠しいです。歩行困難なので、迷惑をかけぬかと、とても心配です。三名との事で、私と俊哉と友佳の3人で行くそうです。

今月の新月は25日です。心こめて祈って下さい。（毎日祈っていると思いますが…）

どうか元気でがんばって下さい。会へる日を楽しみにしています。

8月11日

8月16日　ひさしぶりに会って

宣政、昨日14日会うまで、一日一日とても楽しみに待っていましたが、久しぶりに会って、あっという間に時間がすぎて、別れてからは、胸が一杯でたまらなくなりました。帰りはレストランで食事をしました。家族全員で食事が出来る日が、一日も早くくる事を心から祈っています。俊哉、友佳、やさしく思いやりのある孫で私はとても幸せです。友佳がタクシーなら裁判所へ行けると言ってくれますので、体調の良い時に、迷惑と思いますが、ひとみさんにつれて行ってほしいと思っています。身体くれぐれも大切にして下さい。

8月15日

8月23日　友佳も俊哉も良くがんばっています

宣政元気ですか。

一日も早く内野先生に助けて頂いて家族5人生活出来る日を祈っています。私は是非裁判に出席したいと思っていますが、体調不良でなかなか思うようになりませんが、ひとみさんにたのんで実現したいと願っています。

8月の新月は25日です。心こめて祈ります。神姫バスの方々、今もお便り頂き、たづねて下さいます。お父さんの人徳と思い感謝しています。友佳も俊哉も良くがんばっています。私は本当に良い家族に恵まれた幸せを感謝しています。安心して下さい。身体くれぐれも大事にして下さい。

8月22日

8月29日　裁判でよくがんばっていると

宣政元気ですか。

内野先生にお電話させて頂きました。裁判でよくがんばっているとの事承りました。是非私は裁判に出席したいと思っています。歩行がわるいので一人ではどうする事も出来ません。ひとみさんにお願いしてつれて行って頂こうと思っています。宣政は身体に気をつけて勝利の日まで、どうかがんばって下さい。内野先生は何時デンワしても心よく受けて下さるのは、本当に嬉しく感謝しています。一日も早く会へる事願っています。そして一日も早く帰ってきてくれる日を祈りまっています。

8月27日

9月10日　一日も早く元気に家族のもとへ

宣政元気ですか。

今日9日ひとみさんに心ばかりさし入れて頂きました。本当に心ばかりですみません。一日も早く元気に家族のもとへ釈放されて帰ってくれる事を祈っています。私の願いは宣政が元気に一日も早く帰って来てくれる事です。私は健康のため玄米食にしています。炊くのも大変ですし、おいしいという事もありませんが…。最近歩行が一段とわるくなりました。近くのポストまでも少し行きづらいです。健康にはくれぐれも気をつけて下さいね。

9月9日

9月19日——迷惑をかける事が多くなりました

宣政元気ですか。

一日も早く釈放され元気に帰ってこられる事を祈っています。健康にはくれぐれも気をつけて下さい。私はひとみさんに迷惑をかける事が多くなりましたが、何時も気持よく接してくれる事はとても幸せです。裁判に出席したいと思いますが、迷惑をかける事が多いので、とても行けません。内野先生が何かと宣政の様子を伝へて下さるのがとても嬉しいです。今月の新月は24日です。願いをこめて祈って下さい。とても会いたい思いで一杯です。どうか良い事がありますよう祈っています。

9月18日

9月24日 勾留中の息子より母への手紙

お母さん手紙有り難う。あと2回で証人尋問は終わりです。そのあと被告人質問が8回ありますが、途中で2回休みがあるので12月17日までです。もうすぐ1000日になりますが（11月の10日ごろ）、丁度オリンパスの発覚から3年ぐらいの頃ですね。保釈金があれば、12／17（水）には保釈になるでしょう。ただし、判決によっては長い刑期があるかもしれませんが。しかし、そうならないように僕も最大の努力はしているつもりです。今までの人生で一番、一生懸命生きていると思っています。決して生産的なことではないですが、この努力が、日本の検察の改革になればと思っています。本当に、この60年で初めて努力をしていると心からいえる毎日です。

先日、野村の一年後輩2人が亡くなったそうです。同じ部で6年働いた人達で、同じ頃に野村を辞め、成功していたお2人です。まだ50代の人達だったので、残念でしかたありません。その中の1人は1～2ヶ月前に2～3度傍聴に来てくれ、いい笑顔を見せてくれましたが、余命をご存知だったのでしょうね。

ところで今日は、裁判でしたが、朝早く新月様にお願いして行ったら、とても良いことが起りました。眠る前にもう一度、お祈りします。お母さんは必ず、ひとみの食事を食べて下さい。それと検査に行ってくれるのが僕の望みです。今の自宅は、ご先祖様が気に入って下さっていると言ってましたが、それを信じて戦います。2012年

2月から上昇機運というのは、あのままだったら家を売ることになっていたのが、今回の件で、それをまぬがれたということかもしれません。できる限り、良い方向で考えます。お母さんは体に気をつけて待っていて下さい。

9月27日　新月の日の裁判がとても良かったとの事

昨日25日の内野先生のお電話で宣政が元気の由承り安心いたしました。24日の新月の日の裁判がとても良かったとの事嬉しく感謝で一杯です。一日も早く助けて頂いて元気に帰ってくれる日を待っています。私は身体の自由がだんだんなくなり家族に大変迷惑をかける事が多くなりましたが、皆心良く助けてくれ幸せです。私の事は安心して下さい。私は内野先生のお声をしばらくきかないととても不安になり、つい迷惑と思い乍らデンワをかけてしまいますが、先生は何時も心良く応じて下さり感謝で一杯です。必づ先生が助けて下さると信じています。俊哉も友佳も良くがんばっています。安心して下さい。　9月26日

10月4日　何かにつけてひとみさんの助けを

10月になりました。30日はお父さんの命日です。私は昔元気だった頃は、日帰りで新幹線を利用して佐賀へ行っていた事を思い出します。ひとみさん、俊哉、友佳元気で、よくが

んばっています。私はじめ家族は、宣政が一日も早く釈放され帰ってくる日を祈るばかりです。私は出来るだけ歩く事を心がけ家の中で時間があれば歩いていますが、だんだん歩くのが大変になってきました。何かにつけてひとみさんの助けをかりています。遠慮する事なく何でもたのめる事はとても嬉しいです。健康に気をつけて下さいね。

10月3日

10月某日 ≡ 勾留中の息子より母への手紙

大分涼しくなってきたので体には充分気をつけて下さいね。僕は冬物のスウェットを着ています（今日から）。ひとみには、毛布有り難うと言っておいて下さい。それと少しずつ花のもちが長くなってきたと。やっぱり自然の色を見るのは良いですね。バケツの中ですが、必ず週に一度は洗っています。この間会ってから、もう一ヶ月半以上になりますが、必ず検査だけは行って下さい。お母さんに何かあったら僕は何もできなくなるでしょう。折角、僕が出たら一緒に仕事をやろうと待っていてくれる人達が何人かいらっしゃるのですから。日本の裁判の不公平さは一杯聞いていますが、先生を信じていくつもりです。勝てる公算は5割という事ですが、日本の無罪比率の0・1％と比較すると500倍ですからね。保釈金さえなんとかなれば、最悪12月17日過ぎには会えるでしょう。

最終陳述書

横尾宣政

※本稿は、父が２０１５年３月18日の公判で述べた最終陳述書である。公判は13年12月25日に始まり、15年３月25日に結審した。父は一貫して無実を訴えた。
（横尾友佳）

私は本件について、いずれも無罪です。オリンパスの損失隠しについては一切の認識もありませんでした。私は銀行の紹介を受けたことも一切ありませんし、依頼を受けたこともありませんし、損失については一切聞いた覚えはありません。

２０１１年10月のマイケル・ウッドフォード社長の解任騒ぎ以来、マスコミでオリンパスのことが報道され始めましたが、オリンパスに内容を確かめても、まともな答えさえもらえませんでした。私自身もマスコミの情報しか得られなかったのは事実です。そのような中で突然『ニューヨーク・タイムズ』が「私と兄が２０００億円もの金額を反社会的勢力に渡した」という常識を逸脱した記事を世界中に配信し、全く訳が分からなくなってしまいました。兄は当時JALUXの再建を頼まれて社長に就任したばかりで、ようやく決まった各国の提携先から問い詰められて立ち往生の状態になっていました。私自身も中国国営企業と北京空港でのカフェレストランを出店する話が決まりかけていたところでしたが、それらの話は完全にストップしてしまいました。また、台湾の財閥との話もニューヨーク・タイムズの記事のお蔭で完全にダメになってしまいました。

われわれ兄弟は一刻も早く正確な情報を得ようとしましたが、オリンパスからは何も聞くことができませんでした。兄と私で「オリンパスを訴える」と山田秀雄（*元副社長、常務監査役）氏に迫り、やっと帝国ホテルで山田氏と会うことになりましたが、その帝国ホテルでも山田氏からまともな情報は得られていません。オリンパスの秘書室に電話をしても、「あの横尾さんですか？」とまともに取り合ってもらえませんでした。私はこの事件に全く関わっていませんでしたから、内心では「電子レンジ調理に注目を集められるチャンスだ」と楽観した気持ちもありました。11年11月半ばから取り調べが始まり、一挙に状況が悪くなってきました。結局山田氏から粉飾の話を聞いたのはオリンパスの高山修一社長が記者発表をした前日の夜中でした。カウンターバーで飲んでいた私に電話があり、30分ぐらい階段の下で電話を聞いた記憶があります。

その後、警視庁の1回目の取り調べでパスポートの提出を求められました。黙秘権の告知も受けましたが、今から思えば初めての取り調べの時から、私は容疑者にされていたようです。ただ、全く事件とは関わり合いがありませんでしたので、検察の取り調べが始まるまで弁護士には全く相談していませんでした。その時の担当刑事は私を車で送る時に「私が普通の人間だったのでほっとした」と言っておられました。「なぜなら警視庁が持っている情報はマスコミの情報だけだからだ」とおっしゃっていて、私が反社会的勢力に2000億円も渡した危険な人物だとかなり脅えていらっしゃったようです。「下手なことを言ったら殺される」と思っていたともおっしゃっていました。そのようなバカげた情報の中で、なぜ私が最初から容疑者になっていたのでしょうか。

検察の1回目の取り調べは、第三者委員会の報告書が出た翌日だったと思います。この日から取り調べの内容はすべてこの内容に基づいたものでした。完全にストーリーは決まっていたのです。私が「検察の主張はすべて第三者委員会の報告書であり、かつ主犯たちが話している内容ばかりではないのか」と指摘した時に、担当の検察官は「路上生活者ではありません。大きな会社に勤めている立派な会社の人だから、すべて正しいんです」とおっしゃいました。そのうえ「金融やビジネスの常識なんかは全く裁判では通用しない。最終的な公判を期待しても、裁判官にはそのような知識はないんだから期待してもダメだ」ということもおっしゃっていました。そして「オレの常識が世界の常識だ。諦めて認めろ」と何回も言われたことを覚えています。

取り調べで見せられる大半の資料というのは初めて見るものばかりで、「それを見て思い出せ。思い出さないと逮捕する」と何回も言われましたが、経験していないこと、知らないこと、見ていないことについて思い出せと言われても何も言えないのは当たり前ではないでしょうか。訳の分からないまま逮捕され、そのまま起訴されてしまいました。

逮捕されるのは私だけと思っていましたが、弁護人から羽田拓君と小野裕史君も逮捕されたことを聞き、大変大きなショックを受けるとともに、2人に対して大変申し訳なく思ったことを覚えています。検察官からは「お前が認めれば2人は助けてやる」と言われ続けましたが、私の逮捕もあり得ないと考えていたので、弁護人から2人の逮捕を聞いた時には「まさか」という思いになりました。

詐欺の記事が出ていることを弁護人から聞いた時も全く意味が分かりませんでしたが、その逮捕のせいで東京拘置所から丸の内警察署に移送され、平日は例外なく検察の地下に毎日連れていかれました。たった数分の取り調べのために8時間以上、両手錠で硬い椅子に座らされたこともあります。現場検証という名の下に警官2人に挟まれて（*群馬県高崎市に本社がある）群栄化学工業まで連れて行かれたこともあります。すべてが嫌がらせ以外の何物でもありません。

しかし、時間のある限り私は考え続け、この事件の本質を知ろうと努力してきました。東京拘置所では縦に積めば10メートルくらいになる資料を差し入れてもらい、1万5000枚の紙を使いながら考え続けました。間違いなく毎日12時間は胡坐をかいて机に向かっていました。そのおかげでキツイ腱鞘炎にも悩まされ、手首を毎日硬い床にぶつけてから痛みを麻痺させて書き続けました。一番困ったことは事件の本質を全く知らなかったということです。そして3人が完全に分業体制だったため、互いの仕事を把握していなかったということです。だから逮捕前には羽田君と会い続けていました。聞かなければ自分の会社のことも完全には分からなかったのです。しかし、羽田君と会っていたことを罪証隠滅行為と言われ、私たちは966日間、接見禁止が付いたままで拘留され続けました。

私たち3人は無実であるがゆえに、今に至るまで否認し続けてきました。無実だからこそ、3人とも真実を貫いたのです。しかし、無実を主張する者には厳しい嫌がらせや過度な圧力がかけられてきます。事件を知らない者にとって、弁護人を介してしか事実確認が取れないことは大変なハンディキャップでした。情報が手に入らなければ事件の本質は見えてきません。防衛もできません。拘置所での接見禁止は想像を超えるハンディキャップになってきます。致し方なく与えられた資料だけを何回となく見直し、考え続けました。そして合理的な推論を重ねた結果、数ヵ月後には事件の全容を私なりに理解したつもりです。

まずオリンパスが外資系証券に払ったであろう手数料も割り出したつもりです。何パターンかやったのですが、私の推論ではその手数料だけで200億円から400億円になっているはずです。またLGT銀行から振り込んでもらった60万ドルを検証してみました。検察の主張ではインターミディアリーフィーということですが、3本のファンドをステイトメント、GCNVのステイトメント、この2本から計算し、実際にLGT銀行からGCIの口座に振り込まれた金額とも比較してみましたが、やはり60万ドルは借入金で、

2000年3月までに返済されている可能性が非常に高いことも確認しました。

事業価値算定は何ヵ月もかけて計算しました。最初の1年間は電卓がありませんでしたから、10桁同士の掛け算を毎日朝から晩までやり続けました。その結果、すべての事業価値算定が完全に間違っていることが分かりました。それも算定の仕方を知らない者が支離滅裂な計算をしていました。どこの数字を使ってどのような計算をしたらそれらの出鱈目な算定数字になるのかが全く分かりませんでしたが、時間をかけていやっているうちに解明ができてきました。

その結果、全く関係のない数字を使って出鱈目な計算をしていることが判明し、羽田君が算定したものではないということが確信できました。また、井坂俊達会計士が算定している3社の価値の中でニュース・シェフだけが、2社と全く違うタイミングで計算されているということも確認できました。要するにニュース・シェフと残り2社の算出は全く違う形で行われていたのです。これらの推論を重ねていくうちに、全く金融の常識から外れた次元で捜査が行われ、裁判が始まったということを認識しました。

そしてこの事件の本質が全く解明されていないことが分かってきました。検察官が主張する「スキーム」と言われている内容や目的も、全く違っていることも認識できました。私は事件自体を差し入れられた資料だけでしか把握していません。それはすべて推論と言われるかもしれません。論理的に考えながら把握してきたとは思っていますが、最後はどうしても推論になってしまいます。なぜならば私は、事件の関係者から本件について何も聞いていないからです。事件そのものの理解が推論であれば当然、私の反論も推論になってしまいます。

なお、差し入れられた資料すべてを証拠と思って、それを元に考えていただけに、証拠として採用になっていないものを使って考えている可能性はあります。しかし金融の常識に照らし合わせて論理的に考えた主張ばかりだと思っています。この事件は金融に従事したものからすると常識では考えられないものばかりで、納得のいかないものばかりです。だから事件そのものの解明に全力を挙げてきました。そのため、この最終意見陳述の別紙として添付した参考資料は私の無実を証明する目的というよりも、私が金融のプロとしてこの事件についての本質を合理的に考えた推論になってしまっており、刑事裁判の目的からかなり離れてしまったようです。

その結果、弁護人との意見の調整が付かず、２週間の期間を頂戴したうえ、私のこだわりとして大部分を別紙参考資料の提出をさせていただくことになっていまいました。この２週間で30万字以上の最終陳述書の大半を切り捨てる作業を行ってきました。ただし、毎日計算をやり続けてきた事業計画の検証など、金融に従事してきた人間がどうしても納得いかない事象だけは、別紙の参考資料として添付させていただくことをお許しいただきたいと思います。これは私の１万２０００時間の結晶だとお考えください。

最後に私がこの裁判で強く感じた矛盾点を数点に絞って述べさせていただきます。１点目は各銀行のステイトメントの重要部分が開示されていなかったり、ＬＧＴ銀行のハインツ・ニップ頭取らの入国記録など、われわれの無実の証明に重要な証拠が開示されていなかったことです。これは何度も私どもからお願いしたことですが、全く開示はされませんでした。

2点目はアドバイザリー契約、署名権などLGT銀行で簡単に確認できることが全く確認できていないことです。予定主張書面で指摘したことが、その後の検事のリヒテンシュタイン訪問でも確認されてはいませんでした。このような状態でわれわれに署名権があったとか、アドバイザーであったとかいうことを主張することが許されるのでしょうか。

3点目は捜査当局が各国の金融監督官庁の規制を全く把握していないということです。そのためにスキームの目的をはき違え、われわれが考えたスキームなどと根も葉もない主張をされました。こういったことは許されないはずです。各国の金融規制を理解していれば、全く違う目的のために全く違う人間が考えたことは一目瞭然です。

4点目は何人もの証人が供述調書の内容を証人尋問で否定していることです。このような事態を避けるための可視化であったはずですが、オリンパスの主犯に対してすらも全く可視化が行われていません。そのために供述調書を認めることができずに10ヵ月もの証人尋問が行われました。しかし、検察が論告要旨で記載しているのが山田氏、森久志氏、中塚誠氏、京相正志氏、臼井康広氏らの限られた証人だけで、残りの証人たちの時間は一体何のために使われたのでしょうか。もし、この方々の取り調べも全面可視化が実現していれば、調書に同意する可能性も十分ありました。審理は大幅に短縮されたのではないでしょ

うか　それにもっとスピーディーな公判が可能になっていたのではないでしょうか。できる限り供述調書も使えるようにすることが、私たち被告人の防衛につながることになります。今回の裁判を見ても供述調書の内容を大きく覆した証言が数多く出ています。

5点目は世間常識を大きく逸脱した検察の主張がまかり通っているということです。私が「臼井君が鬱病になったために給料がもらえなくなっている」とオリンパスを脅し、9億5000万円を要求したことになっていますが、私は「臼井君の発病は送金の半年後であり、その後も給料は払われ続けていた」と指摘しました。この点と併せて臼井君による偽筆を予定主張書面で6月に主張したところ、マネーロンダリングで再々逮捕されてしまいました。これによって7月から始まる予定だった裁判は12月に延びてしまいましたが、マネーロンダリングであれば2012年に十分逮捕できたはずです。そしてわれわれの取り調べの間に山田氏、森氏、臼井氏の供述調書が書き直されているのも現実です。このようなことが許されてもいいのでしょうか。

6点目は臼井君の偽筆に関してですが、それは契約書を含め偽造とも言える書面です。検察はこれを代筆と断定していますが、代筆者である臼井君の名前すら記載されていません。また、臼井君は事前事後ともに私に署名の報告をしていないし、全てオリンパスの指示だったと証言しています。このようなものが代筆と認められる国は世界中に一国もないはずです。どうしてこれが代筆なんでしょうか。検察はこれを代筆と認めて公判を進めてきました。これが偽筆と認められれば、われわれが共犯でないことはかなり明らかになっていた証拠だと思います。これこそ検察の罪証隠滅の行為ではないでしょうか。検察は公判の期日中に、われわれに代筆であることを証明する義務があると考えています。さもなければ明らかに犯罪行為であると言わざるを得ません。

以上を私の最終陳述といたしますが、最後にこの場を借りてこの事件で私が感じたことを数点述べさせていただきます。

1点目に傷害事件では科学捜査研究所が存在し、DNA鑑定や指紋認証、血液型、顔認証、体型や骨格の認証など様々な科学的認証が行われます。しかし、経済事件では経済捜査研究所というのは存在していません。金融は日々急速に進歩しています。金融に関する事件を正確に判断するために、専門家の判断が絶対に必要だと思います。そのような正確な判断をするために、金融のプロフェッショナルがきちんとした判断を下すことができるような専門な裁判所が必要だと感じています。

2点目は拘置所にいる間に何人もの刑務官の方々から温かい励ましを受けました。本当に精神的に苦しい状況をいくつも乗り越えられたのは、立場を超えて皆様の温かみのある対応をいただいたからだと思い、感謝しています。保釈の日には多くの刑務官の方々が一列に並んで見送っていただきました。本当にありがたいことと心から思っています。

3点目に自分自身の裁判であることを脇に置いて、社会の中にある裁判という視点から考えます。誰もが有罪と思っている人間が無罪を勝ち取ることが困難であることは十分承知しています。しかし、この事件の捜査の手法、裁判の過程を振り返ると経済事件に一石を投じる裁判になってほしいと心から願っています。だから私は保釈後もほとんど毎日15時間から16時間はパソコンに向かっていました。間違った裁判が絶対に行われないために、そしてわれわれのような犠牲者が二度と出てこないように、今後の司法の在り方を考えていただくことを心からお願い申し上げます。私を信じて付いて来てくれた羽田君、小野君のためにも私は負ける訳には行かないと考えています。

最後の4点目に、この最終意見陳述に添付した参考資料は、なぜ自分がこのような立場に立たせられたのかという疑問からこの3年半、私がこの事件の裁判の過程で目にして来た証拠書類、それは裁判所に提出された証拠のみではなく、開示された全資料を指していますが、これを「事件の真実はどのようなものであったのか」という視点で読み込み、「この部分はこうであったのではないか」という推論を合理的に論理的に立てた結果です。ぜひご参考いただけたら幸いです。よろしくお願いします。

解説――オリンパス事件と日本の刑事司法の問題点

稲留正英（『週刊エコノミスト』編集次長）

オリンパス事件の概要

オリンパス事件は２０１１年11月に発覚した精密機器メーカー、オリンパスによる巨額粉飾決算事件である。１９９０年代のバブル経済崩壊により、「財テク」（資産運用）で約１０００億円の損失を抱えた同社が、英国領ケイマン諸島などに設立した簿外ファンドに含み損を抱えた金融商品を隠匿。その後、国内ベンチャー企業や英国医療会社の買収の形をとって、簿外ファンドに資金を融通し、簿外損失を解消したというものだ。隠した損失の額が巨額で、期間が10年以上に渡ったほか、事件の舞台も、欧州、シンガポール、日本と世界にまたがった。巨額の使途不明金の存在を追及した英国人社長が解任され、海外メディアに告発した話題性もあり、日本だけでなく海外のメディアでも大きなニュースとなった。

この国際的な不正会計事件に巻き込まれたのが、横尾宣政（のぶまさ）さんだ。

横尾さんは、「オリンパスの粉飾決算の共犯者（のちに「幇助」に変更）」の1人として、主犯格のオリンパスの前社長ら3人や自身のコンサルタント会社の同僚ら3人とともに12年2月逮捕された。警察や検察の取り調べに対し、容疑を否認し続けると、90歳の高齢の母との面会も許されず、警察署の代用監獄や拘置所に計966日間勾留された。釈放されたのは3年近く経った14年10月だ。無実を訴えたが、東京地裁の一審で懲役4年、罰金1000万円の実刑判決が言い渡された。19年1月22日に最高裁が上告を棄却し、懲役4年の実刑（未決勾留の800日間が差し引かれ、実質的な刑期は最高1年10カ月）が確定した。19年8月14日に収監され、現在、横須賀刑務支所で服役中の身である。

オリンパス事件は①1980〜90年代前半の財テクで損失が膨らんだ時期、②90年代後半の損失隠しの時期、③2000年代の損失解消の時期——の三つの期間に分けることができる。横尾さんが事件と接点を持ったのは、ハイエナのような外資系証券がオリンパスを食い荒した後、経営陣が巨額の損失を抱え右往左往している②、③の時期だった。事件では、横尾さんは、「粉飾決算の指南役」とされたが、実態から言えば、粉飾の事実も全体像も知らないまま「粉飾決算の解消の手助け」をさせられた公算が高い。

それにもかかわらず、主犯格の旧経営陣が執行猶予を勝ち取った一方で、横尾さんは粉飾決算だけでなく、詐欺、マネーロンダリングの罪にも問われ、実刑となった。なぜなのか。

それは、解任された外国人CEOの海外への告発により、日本の国益を損なうほどの国際的な経済不祥事に発展したオリンパス事件を収拾するために、横尾氏らを「生け贄」とする必要があったためではないか。

横尾さんに罪を転嫁することで、利益を得る主体が三つあった。①横尾氏らに唆(そその)かされて粉飾を続けたというポーズを取ることで、自身の罪を軽くし、会社の上場廃止も回避しようとしたオリンパスの旧経営陣、②簿外ファンドへの資金供給で中心的な役割を果たしたことで、オーナーであるリヒテンシュタイン公国の王室に累が及ぶことを懸念したLGTリヒテンシュタイン銀行、③簿外債務を知っていたにもかかわらず、見逃した罪を問われるのを恐れた監査法人、――である。この3者の思惑を、日本の捜査当局が汲み取り、事件の落とし所を探った可能性が浮上する。

オリンパスと監査法人は日本のエスタブリッシュメントであり、リヒテンシュタイン王室は日本の皇室と親交が深い。つまり、事実の解明や正義の実現よりも国益へのダメージコントロールを優先した「国策捜査」だったとの推測が成り立つ。付記すれば、郵便不正事件による証拠捏造で、権威が地に落ちていた特捜検察も、オリンパス事件の「解決」でその名誉を挽回した。

この解説では、事件の経緯を振り返りつつ、横尾さんがどのように事件に巻き込まれたのか、そして、横尾さんの体験を通じて、日本の刑事司法の何が問題か、検証していく。

横尾宣政さんの人物像

まずは、横尾さんの人物像を紹介したい。横尾さんは1954年、兵庫県姫路市に生まれた。兄弟は兄が一人の次男坊。父の定視氏は東京帝国大学の工学部を卒業後、第二次世界大戦中は、海軍技術将校として活躍し、戦後は地元の名門企業、神姫バスの社長（1979～92年）を務めた。技術者らしく、日本で初めてバスに料金の自動両替機と整理券方式の「ワンマンカー」を導入したアイデアマンでもある。今回の手記の主人公である母君の鈴子さんは、米国の大学を卒業した地元貿易商の娘で、戦前は、飾磨港から姫路駅まで、他人の土地を踏むことなく通うことができたほどという。元々、横尾さんの父の兄（横尾さんの大伯父）と縁談があったが、その兄が戦死したため、横尾さんの父と結婚した。そのため、二人とも大正11年生まれだが、誕生月は母が6月、父が12月と半年間の姉さん女房でもある。

横尾さんの育ちは姫路だが、本籍は佐賀県である。横尾家は代々、鍋島藩士の家柄だ。横尾さんの祖父の兄は佐賀県初の弁護士、祖父は飾磨市長を務めている。横尾さんの祖母の実家である堤家は代々、鍋島藩の要職を務め、遠戚には明治政府で外務卿を務めた副島種臣、北海道を開拓した島義勇、日本赤十字を創設した佐野常民がいる。元司法卿の江藤新平と島義勇が明治政府に反旗を翻した佐賀の乱の際は、堤家の一族26人が切腹して果てた。戊辰戦争の時、新政府軍への降伏をいさぎよしとしない会津藩家老、西郷頼母の家族12名が自裁したのを上回る維新の悲劇である。

そんな堤家から嫁いだ横尾さんの祖母は、歴とした武士の娘であった。和服姿で帯に懐剣を差し、常に居住まいを正して横尾少年に接した。横尾さんが間違った行いをすると、「あなたはこの刀で自害する覚悟はありますか」と叱られたという。横尾さんは、この祖母から人の道を踏み外す愚行への戒めと正義心を植え付けられた。祖母の気性を最も濃く受け継いだ横尾さんは、中学生の時に、いじめにあっていた級友を救うため、父が収集していた日本刀を抱えて果し合いの現場に駆け付ける途上、巡査に補導された経験も持つ。

少年期の横尾さんは数学が得意で、数学検定協会の会長から、数学者の道を歩むことを勧められたこともある。父からは、「東大卒でなければ人にあらず」と言われたことに反発し、東大に入学できる学力があるにもかかわらず、遺伝子工学などを学ぶため、74年京都大学の農学部に進学した。しかし、実験浸りの生活が性に合わず、2年目から経済学部に転部し、78年に京都大学を卒業、野村證券に入社した。父が紹介してくれた姫路支店長がとても優秀だったことに感銘を受けたからだ。

高卒でも成績さえ上げれば役員になれる実力主義の野村で横尾さんは頭角を現していく。

初任地の石川県金沢支店で実績を上げ、81年12月に役員の登竜門である本社の第2事業法人部に配属された。数学に強く、原理原則で考える能力がここで生かされる。ワラントや仕組債などの当時最先端の金融派生商品を扱い、顧客と野村證券に膨大な利益をもたらした。証券市場では「伝説の証券マン」として、大手経済紙の記者などにも知られる存在となった。

理詰めの性格から、顧客に短期で株式や投資信託を売り買いさせ、手数料を稼ぐ旧来の証券会社の営業方法にも疑問を持った。企業が生み出す価値を投資家が長期にわたり享受するには、「長期分散投資」が王道だからだ。

横尾さんは、企業のM&A（合併と買収）を手がける野村企業情報や米ニューヨークのワッサースタイン&ペレラ社に出向し、企業が将来生み出す現金を元に企業価値を測るDCF（割引キャッシュフロー）法を株式の評価に最初期に持ち込んだ企業価値評価のプロでもある。

営業企画業務部や高崎支店長時代は、株式や投資信託の短期売買を改めさせたり、商品内容がダメな子会社の投資信託の販売を禁止し、代わりに、米フィデリティ社の優良なファンドを販売するなど、合理的な考えで、次々に新機軸を打ち出していった。

そんな横尾さんの野村での夢は、「データベース・マーケティング」を個人営業現場に導入することだった。これは、顧客の過去の売買動向や属性をデータベースに入力し、相場の動向に応じて営業マンに、「今、この顧客が欲しているサービス、情報はこうだ」と端末で自動的に伝えるものだ。顧客対応の水準向上と効率化を図る目的があった。

問題意識に、平成時代に入社した社員の営業力低下があった。90年のバブル崩壊以降、顧客とトラブルになる先輩社員を見て育った若手社員は、昭和世代の「猛烈営業」には否定的だった。しかし、それに代わる仕組みは確立されていなかった。

横尾さんは高崎支店長時代に本社の副社長に野村でのデータベース・マーケティングシステム導入を訴えたが、多額の費用がかかるとして却下された。この夢が野村で実現できなかったことが、98年の独立とコンサルティング会社設立につながる。

野村證券時代の横尾さんとオリンパスとの関わり

横尾さんの運命を大きく狂わせることになるオリンパスとの関わりは、第2事業法人部に異動してから5年目の86年12月から始まった。

当時のオリンパス社長だったのが下山敏郎氏だ。1924年、海軍の山本五十六提督と同郷の新潟県長岡市出身。陸軍航空士官学校を卒業した弱冠20歳の少尉だった下山氏は45年8月15日の終戦を、旧満州（現中国東北部）奉天（瀋陽）の北飛行場で迎えた。同月9日のソ連軍の侵攻により「若楠特攻隊」の一員として、敵戦車部隊に特攻をすべく待機していたが、部隊長の決断により、即時帰国の途につきシベリア抑留を逃れた過去を持つ。終戦後は東京大学文学部哲学科に学び、49年にオリンパスに入社した。ニューヨークに駐在時、カメラ泥棒を背負い投げで投げ飛ばした逸話もある。「サムライ下山」として精密業界では名が知られたビジネスマンであった。士官学校、満州、特攻隊で寝食を共にした友人に富士通の山本卓眞（たくま）名誉会長がいる。

横尾さんは、その下山氏に海軍軍人だった厳格な父の姿を重ね合わせ、また、下山氏も有能な横尾さんを可愛がった。事業法人担当者として下山氏の海外出張にも同行するなど、親しい間柄になった。第2事業法人部に所属していた頃、下山社長から「コンピュータビジネスに参入したい」との要請を受け、イトーヨーカ堂向けにデータベース・マーケティングシステムを開発した野村総合研究所を紹介したことがあった。その結果、オリンパスはシステム子会社

「ユーバス」を92年に設立し、大手アパレルのワールドに同社のデータベース・マーケティングシステムを販売している。

オリンパスの財テクは、この下山社長のもとで始まった。

カメラや顕微鏡、内視鏡などを製造販売するオリンパスは今では、連結売上高8000億円弱の大企業だが、85年度当時は売上高1286億円、営業利益で68億円ほどだった。

85年のプラザ合意で急激に円高が進むと、典型的な輸出企業の同社は86年度に営業利益が31億円と半減。そこで、下山敏郎社長は、財テクで収益の落ち込みを補う方針に転換した。その試みは、87年10月19日の世界的な株価暴落「ブラックマンデー」により大きくつまずく。保有する債券と特定金銭信託（特金）で300億円以上の含み損を抱えたのだ。

この損失を、日本鋼管（NKK）株とワラントの運用で9カ月間をかけて取り返したのが第2事業法人部の横尾さんだった。オリンパスの主幹事は山一證券だったが、この出来事を契機に、オリンパス財務部門の横尾さんへの「傾倒」が始まる。

同社の財務部門の課長は、山田秀雄氏だった。44年長野県生まれ、諏訪市の名門、清陵高等学校を卒業した後、63年にオリンパスに入社した。会津オリンパスに総務担当として出向したのち、80年に本社経理部資金グループに配属され、その後、一貫して、オリンパスの資金運用を担当した。高卒ながら、夜間大学にも通い、最後はオリンパスの副社長に上り詰めた。この山田氏に財務部門で仕えたのが、81年入社の同期である森久志氏（のちの副社長）、中塚誠氏（のちの常務取締役）だ。3人は粉飾決算というオリンパスの秘密を共有し、出世の階段を駆け上っていく。

横尾さんは88年10月に第2事業法人部から野村企業情報に出向し、90年5月から米ニューヨークでのワッサースタイン・ペレイラに出向したのち、90年11月末に浜松支店に異動となった。

浜松支店では、同支店の最重要顧客が仕手株で損をして、300億円の損失を抱えていた。この顧客の父親は、本田技研工業(ホンダ)の創業に関わり、その関係でホンダの株式を大量に保有しており、ホンダにとっても大きな問題となっていた。そこで、卓越したトラブル処理能力から社内で「消防車」との異名もあった横尾さんが、ニューヨークから呼び戻された。横尾さんはワラントを使い、大半の顧客の損を取り戻した。

この評判を聞きつけたのか、オリンパスの山田氏が92年の1月に浜松支店に電話を掛けてくる。内容は、大和銀行や米系のモルガン信託銀行、シティトラスト信託銀行などを通じた特金の運用で、400億円の損失(実現損250億円に含み損150億円)を抱えているというものだった。さらに、その2カ月後の3月上旬、山田氏から再び電話があり、損失は450億円(実現損250億円、含み損200億円)に拡大したと説明された。野村ではコンプライアンス上、担当を外れた企業とは接触してはいけない規定なので、上司の浜松支店長に経緯を報告し、対応はしなかったが、この時のメモを、備忘録として2枚のリポート用紙に書き写した。これが、2011年のオリンパスの粉飾決算発覚後、11年12月21日の家宅捜索で当局に押収され、「粉飾決算を知っていた」証拠にされてしまうことになる。

横尾さんは、92年5月に営業業務部運用企画課の課長に異動、その後、94年5月に高崎支店長、97年5月に東京・西新宿の新宿野村ビル支店長に異動した。そして、98年5月に野村を退社し、6月、野村企業情報時代の後輩の羽田拓氏とコンサルティング会社「グローバル・カンパニー・インコーポレート（GCI）」を立ち上げた。野村時代の夢だったデータベース・マーケティングを手掛けることが目的で、具体的には、オリンパス子会社「ユーバス」のシステムを98年12月から始まる投資信託の窓口販売向けに銀行に売り込むことを目指した。横尾さんと同じく京大卒で、野村で横尾さんがリクルーターを務め、ロンドン支店で羽田氏と同僚だった小野裕史氏が、98年12月からGCIに加わった。

独立後の横尾さんとオリンパスとの関係

ここから、横尾さんとオリンパスの第2の関係が始まる。当時のオリンパスは表裏二つの課題を抱えていた。表側では、顕微鏡、カメラ、内視鏡に続く新たなビジネスの芽が育っていないこと、裏側では巨額の簿外債務が存在すること——だった。横尾さんは、この表と裏の両方で、意図せず、粉飾決算に関与させられていく。

「表」で横尾さんがかかわったのが、新規事業を発掘・育成するベンチャーファンドの立ち上げだ。

1999年年初、GCIで手掛けていたユーバス（データベース・マーケティング）の件で下山会長を訪ねた横尾さんは、内視鏡事業に続く有望な新規事業があるか、オリンパスの事業部門や研究開発部門を調査するよう依頼を受けた。1年近い調査の結果、めぼしいものはないと下山会長に報告。代わりに、新規事業を発掘、育成するベンチャーファンドの創設を提案した。それが、2000年3月に設立された英ケイマン籍のベンチャーファンド「GC New Vision Ventures（GCNV）」で、オリンパスが300億円を出資し、GCIはファンドの運用担当者となった。

このGCNVを通じて、05年にかけて横尾さんが発掘した中に、後に「新事業3社」と呼ばれるニューズシェフ、ヒューマラボ、アルティスの3社がある。

ニューズシェフは、電子レンジ用調理器具やその調理方法、そのセット食材を開発・販売する会社で、知り合いの公認会計士を通じ、03年春に創業社長と知り合った。生の食材から調理でき、風味が高級レストランと遜色がないほどの出来栄えであることが特徴だった。最初は、GCIで03年9月26日に増資株式を取得した。07年から社長は横尾さんが務めた。

ヒューマラボは、長岡L・E・M研究所という会社から椎茸菌糸体を使ったサプリメント、健康食品の販売権を譲り受け、05年7月に設立した。重い白血病を患っていた歌手の故本田美奈子さんに提供し、手術が受けられるまでに症状を改善させた逸話もある。社長には羽田さんが就任した。

アルティスは、医療用廃棄プラスチックを滅菌し、油化してリサイクルするビジネスをしている。社長はオリンパス出身の人間が務めた。

横尾さんがＧＣＩとＧＣＮＶで「表」のビジネスを展開する中、「裏」では山田氏を責任者とするオリンパスの財務部門が、簿外損失解消のために方法を模索していた。

96年に財テクによる損失が９００億円にまで拡大していたオリンパスは、96年1月と97年３月に、英領ケイマン諸島に二つの簿外ファンド「ＣＦＣ」と「ＱＰ」を設立。元野村證券社員でパリバ証券（現ＢＮＰパリバ証券）幹部の林純一氏（08〜11年オリンパス社外取締役）の協力などを得て、含み損を抱えた金融商品をこれらのファンドに秘匿し、粉飾を開始した。

これらのファンドには、特金が保有する国債を貸し出し、簿外ファンドが市場で売却することで資金を調達していた。しかし、98年後半から、朝日監査法人（現あずさ監査法人）から近い将来、原価主義だった特金への時価会計適用が始まること、また、特金への監査法人へのチェックが強まれば、国債の貸し出し先である簿外ファンドの存在が明らかになってしまう恐れがあることから、新たな資金調達ルートを探す必要が生じた。

そこで、守秘義務の固いリヒテンシュタイン王室のプライベーバンク、ＬＧＴリヒテンシュタイン銀行に口座を開き、預金を担保に融資してもらうことにした。

ＬＧＴ銀行とオリンパスの関係は、96年頃から始まったとみられる。週刊エコノミストが17年10月にスクープした11年11月11日付のオリンパスの内部資料によると、欧州訪問中の下山会長（93年から会長）と森久志氏がある人物から「知っていると得ですよ」と言われ、リヒテンシュタイン公国でＬＧＴ銀行のオーナーであるフィリップ皇太子に直接面会した。

具体的な取引が始まったのは98年からだ。98年2月18日〜21日、同行のハインツ・ニップ頭取と海外担当のゲルハルト・ウォルチ取締役が口座開設の審査のため来日し、旧知の下山会長と面談。オリンパスは3月23日に同行に口座を開設した。この口座に日本国債を預託し、それを担保にＬＧＴ銀行が簿外ファンドＣＦＣに資金３００億円の供給を開始した。

ＬＧＴ銀行の臼井氏

オリンパスとＬＧＴの仲を取り持った「ある人物」とはＬＧＴ銀行東京駐在事務所長だった臼井康広氏とみられる。

臼井氏は１９６３年生まれ、86年に上智大学を卒業し、野村證券に入社した。父親は米国人、母親が日本人のハーフである。最初はオランダのアムステルダムの現地法人に配属され、92年5月に営業業務部運用企画課に異動し、横尾氏の部下となった。94年2月に野村を退社、ゴールドマン・サックス証券東京支店を経て、96年3月からＬＧＴ銀行東京駐在事務所長をしていた。

野村時代にオリンパスを直接担当したことはないが、接点はある。92年秋、横尾さんは運用企画課長時代に、当時、まだ知られていなかった「マルチメディア」の講演会を東京と大阪でそれぞれ５００社を集め、開いた。千葉県幕張の東京会場のパネラーの１人がオリンパスの下山社長だった。横尾さんの部下だった臼井氏は、運用企画課で電話の応対をしており、その時に下山氏や山田氏の知己を得たとみられている。

ＬＧＴ銀行取締役だったゲルハルト・ウォルチ氏についても説明は必要だろう。１９４４年、オーストリア生まれのリヒテンシュタイン人。74年9月から２００５年４月までＬＧＴ銀行に勤務した。最初は個人客が担当で、その後、86年までは運用コンサルティング部門で働いていた。その後、96年まで大口顧客の部門を担当し、96年から97年まで、香港でアジアの「代表（駐在）事務所」の所長を務めた。97年に帰国し、全世界の代表事務所の担当取締役となった。

ウォルチ氏は臼井氏と香港時代の96年に同地で知り合った。臼井氏の父親の先祖はドイツ系で、その関係でお互いに親近感を持ったようだ。

ウォルチ氏はＬＧＴ銀行を05年に退職。その後任はペーター・グリューター氏で、２０１１年にオリンパス事件が発覚した直後に同行を辞職している。

「マネーロンダリング」でのちに問題となるウォルチ氏が代表の「ガードン社」は07年夏に、グリューター氏がウォルチ氏に打診し、設立された。

ＬＧＴ銀行は、オリンパスの粉飾を知っていた可能性が高い。証拠は複数ある。一つは、週刊エコノミストが報じた前述の11年のオリンパスの内部資料だ。その中で、森氏はフィリップ皇太子が簿外債務を「知っていた可能性がある」と言及している。群栄化学工業が横尾氏に損害賠償を求めた民事訴訟では、17年10月の証人尋問で、森氏はウォルチ取締役や臼井氏も「（粉飾を）知っていたのではないか」と証言した。臼井氏は、12月2月7日の東京地検特捜部の尋問で、「森さん、中塚さんからオリンパスに簿外損があることを打ち明けられた」と供述している。

ＬＧＴ銀行はどのようにオリンパスの簿外債務を知りえたのか。そこで、浮上するのが、パリバ証券の林氏とＬＧＴ銀行の臼井氏を結ぶ「見えない」線である。

林氏は、１９５０年生まれ、74年に東北大学を卒業し、野村證券に入社した。第2事業法人部では、横尾さんの4期上の先輩だった。その後、公社債部に異動し、オリンパスからトレーニーとして出向してきた森久志氏を指導している。88年にパリバ証券東京支店の債券部長に転職した。パリバ時代の93年から94年にはオリンパスに損失先送り商品「パリバ債」４００億円を販売している。オリンパスはこのパリバ債を97年4月と5月にＱＰに売却、粉飾がスタートした。林氏は12年2月4日の東京地検特捜部による尋問で、「97年4月と5月にパリバ債をＱＰに飛ばし、約２８３億円の損失を隠した」と供述している。

すでに88年に野村を退職した林氏と、86年から92年までアムステルダムの現法にいた臼井氏は野村時代、接点はなかったとみられる。横尾さんは、その代わり、営業業務部が契約していたある会計士が両者を取り持ったのではないかと推測する。この人物は、パリバ証券と流通大手マイカルの店舗を証券化するビジネスをしており、臼井氏もこの会計士をよく知っていた。

オリンパスの粉飾スキーム

さて、オリンパスが長年の宿痾である粉飾決算に終止符を打つには、簿外債務を解消する必要があった。

山田氏らはその方法として、①ベンチャー企業投資などで利益を上げて損失の穴埋めをする、②企業の買収などの形を通じ、簿外損失を「のれん代」として表面化させ（帳簿に乗せ）、それを毎年均等に償却する――ことを考案する。

下山氏の依頼で、2000年3月にオリンパスのベンチャーファンドの運用を始めた横尾さんは、これらのプランを実現するのに、まさに「渡りに船」の人物だったはずだ。

この当時、オリンパスは朝日監査法人（現あずさ監査法人）から、00年3月末までに特金を解約するように求められていた。そこで、99年9月、預金担保融資の額を380億円から800億円に引き上げるようLGT銀行に要請するが、額が大きすぎるとして断られる。そのため、00年2月、下山会長と森氏がリヒテンシュタイン公国に赴き、LGT銀行が組成した私募投信「GIM－O」を350億円購入する形で、2000年3月から簿外ファンドQPへの資金供給をすることとなった。

しかし、LGT銀行としては、リスクが高い取引であり、簿外ファンドへの資金供給が発覚するなど、万が一、問題が生じたときに、責任を第3者に転嫁する仕組みが欲しかった。

それを示す数々の傍証の一つが、横尾さんが運用を委託された英ケイマン籍のファンド「NEO」の存在だ。

GCNVの設定から一週間後の00年3月9日、横尾さんは、オリンパスの山田氏から資金300億円のNEOの運用を依頼される。横尾さんは、「病院を買収する際にオリンパスの名前が表に出ないよう新たに設定した」との説明を受けた。だが、NEOは、GIM-Oから簿外ファンドのＱＰに資金を供給する際に、中間に挟まる簿外ファンドの一つだった。万が一、オリンパスの簿外債務が発覚した場合、ＮＥＯの運用責任者に責任を転嫁するのが狙いだったとみられる。

簿外ファンドＱＰが発行する社債での資金運用もその一つだ。ＧＣＮＶが設立されてまもない00年3月、山田氏から、「３００億円（他のファンド出資分も含めると３５０億円）もの資金を遊ばせておくのはもったいないので、ＱＰという資産運用会社の期間1年の社債を購入してほしい。利回りは年1％で毎年12月に償還される」と言われた。それで、横尾さんは送金指示書に署名し、3月16日、３２０億円をＱＰに送金した。しかし、ＱＰは前述のように、金融商品の含み損を隠した簿外ファンドで、公判では、この行為がオリンパスの簿外損失を知っていた証拠の一つとされてしまう。

もう一つの傍証が、ＬＧＴ銀行によるＧＣＩの横尾さんや小野氏のサインの偽造だ。ＬＧＴ銀行を通じた損失隠しスキームには、ＧＩＭ－Ｏ、ＮＥＯ以外に、簿外ファンド「ＴＥＡＯ」、私募投信「ＩＴＶ」が関わっていた。いずれも、横尾さんがＧＣＮＶの運用を開始した00年3月と同時期に設定された。これらのファンドの資金を動かすには、運用責任者（署名権者）のサインが必要である。横尾さんが署名権を持つのは、ＮＥＯだけだ。ＧＩＭ－ＯとＩＴＶはＬＧＴ銀行が、ＴＥＡＯはオリンパスの山田氏がそれぞれ署名権を持つ。

しかし、２０１１年の事件発覚後、横尾さんの弁護人が、ＧＩＭ－ＯとＩＴＶの書類などをチェックしたところ、横尾さんの分だけで、11個もの偽サインが見つかった。これらの書類は

ＧＩＭ‐ＯやＩＴＶの運用権限をＬＧＴ銀行からＧＣＩに「委譲する」という内容や、送金を指示する内容だった。

サインを偽造していたのはＬＧＴ銀行東京駐在事務所長の臼井氏だった。臼井氏は週刊エコノミストの取材に対し、偽筆の理由について、「軽率だった。具体的な指示はファンドの出資者であるオリンパスから直接私にあり、横尾氏のサインは儀礼的なものに形骸化していた」と回答している。

山田氏、3社に目を付ける

オリンパスは06年頃から、簿外損失の最終処理を急ぎ始める。その際に、山田氏らが目を付けたのが、ニューズシェフ、ヒューマラボ、アルティスの「新事業3社」だった。

01年6月にオリンパス社長に就任した菊川剛氏は、企業買収をテコに事業拡大を図る方針を打ち出した。03年9月の経営執行会議で、三つの医療機器会社が買収候補として挙げられた。その一つが米ウィルソン・クック社だった。山田氏はクック社の買収を利用して、前述の方法で簿外損失を処理しようとしたが、05年に交渉が頓挫する。

そこで、横尾氏が投資するニューズシェフ、ヒューマラボ、アルティスの「新事業3社」に関心を持ち始める。

山田氏はそれまでは、3社には見向きもしなかったが、05年9月から急に、オリンパス本体から社員を何人も送り込み、事業を早期に立ち上げようとした。

横尾さんは前述の「新事業3社」をGCNVで発掘したが、投資はNEOとITVを通じて行った。ITVは山田氏から「資金が余っているので使うと良い」と言われたため、利用した。

3社はそれぞれ、ユニークなビジネスモデルを持っていたが、創業者が右翼と関係があったりして、GCNVから投資をすれば、オリンパスに迷惑が掛かることを懸念したのが理由だ。しかし、結果的にこれらのファンドとかかわりを持ったことも、公判では、粉飾を知っていた証拠とされてしまう。

06年、オリンパスは3社を使った簿外損失の解消を開始する。05〜06年のライブドア事件を受け、投資事業組合（GCNVなどのベンチャーファンド）が連結対象となり、監査法人のチェックが厳しくなると予想されたからだ。3月10日〜13日、オリンパスはNEOが保有する3社の株式（計1190株、簿価計1億2700万円）をシンガポール在住の中国人投資家のチャン・ミンフォン氏が運用するファンド「DDⅡ」と「GT」に計79億円で売却した。

横尾さんは、DDⅡとGTによる3社株の購入について、「いずれも今後の中国にとって必要な技術。中国での販売権を見込んでの投資なのだろう」と考えたという。

同月15日、今度は横尾氏が山田氏から、NEOとITVで保有する残りの3社株（計1480株、簿価計1億3400万円）をGCNVで買うように指示を受け、計108億円で購入した。

実はチャン・ミンフォン氏のDDⅡとGTはオリンパスの簿外ファンドだった。横尾さんは、

ＮＥＯが保有するニューズシェフの直近の簿価（ＧＣＩが購入した時の増資価格）が1株20万円、ヒューマラボとアルティスは5万円であることを知っていたが、チャン・ミンフォン氏への売却価格（ニューズ一株４４５万円、アルティスを同５５７万円、ヒューマラボ同１４１０万円）を下回らない価格で買い取れとの山田氏の指示だったので、非常な高値（ニューズ一株４４５万円、アルティス同５７９万円、ヒューマラボ同１４３８万円）で買い取ったのだった。チャン氏はオリンパスの「サクラ」だった。

山田氏はＮＥＯとＩＴＶ保有の３社株をＧＣＮＶで買い取る理由について、「ＮＥＯはオリンパスのファンドとして、世間では認知されていない。３社株をＧＣＮＶが保有することで、オリンパスが３社の立ち上げに力を入れていることを世間に表明したい」と横尾さんに説明している。

この件で、06年秋に東京国税局がオリンパスに税務調査に入った。１億円ほどの簿価だった３社株をＧＣＮＶが１０８億円で買ったため、売却元のＮＥＯなどに巨大な売却益が入ったことになる。それに課税しようとしたのだ。国税局はＧＣＩにＮＥＯの出資者を教えるよう追及したが、ＧＣＩの小野氏はオリンパスから絶対に出資者を明かすなと言われた。そのため、小野氏は両者の板挟みでうつ病となり、ＧＣＩは07年7月にＮＥＯの運用から降りる。新しい運用担当者には、ＬＧＴ銀行のウォルチ元取締役が07年7月、中米パナマの租税回避地に自身が代表者を務める「ガードン社」を設立し、就任した。

オリンパスは、さらに、本来は10年3月が満期だったＧＣＮＶを07年9月に中途解約し、解消。ＮＥＯとＩＴＶなどが保有する残りの３社株をオリンパス本体で計６０８億円で購入。当初の１０８億円と合わせ、７００億円強を簿外ファンドに還流させ、さらに、のれん代としてバランスシートに計上した。

08年４月11日、オリンパスの山田氏に横尾さんはニューズシェフ、羽田氏はヒューマラボの社長の解任を通告される。オリンパスが簿外債務を表に出すことを実現した以上、ＧＣＩの存在は邪魔だったとみられる。

一方、パリバの林氏は、08年６月の株主総会を経て、オリンパスの社外取締役に就任した。誰がオリンパスの粉飾を知っていたのか、この事実が物語ってはいまいか。

その後、再起を図る横尾さんと羽田氏は、１年後の09年４月、ニューズシェフの後継会社「グローバルシェフ」を立ち上げ、電子レンジ用調理器具の開発を続けた。

そして、オリンパスの粉飾決算が明らかになる運命の２０１１年を迎える。

２０１１年、粉飾決算が明らかに

オリンパス事件の端緒は、情報誌ファクタの２０１１年８月号に載った記事から始まった。「オリンパス――『無謀Ｍ＆Ａ』巨額損失の怪」というタイトルで、同社が本業とは程遠いベンチャー企業３社を２００８年３月期に７００億円で買収し、翌年にほぼ全額を減損処理している。オリンパスと関係の深い経営コンサルタントがそれに関わっている、という内容だった。

その頃、横尾さんには、ある代議士秘書から、「東京地検特捜部がオリンパスのことを調べている。横尾さんは大丈夫か」との連絡が入った。特捜部が横尾さんらをターゲットにしている兆候だった。

11年当時のオリンパスは、粉飾決算の処理を終えた菊川社長と山田副社長（6月の株主総会後に常勤監査役）が絶大な権力を振るっていた。

GCIとの関係が切れた後も、オリンパスは簿外損失解消への動きを続けていた。07年11月19日、オリンパスは英医療機器メーカー、ジャイラス社を2100億円で買収すると発表した。この時に、買収を仲介した野村出身の経営コンサルタント中川昭夫氏、佐川肇氏の経営する「アクシーズ・グループ」に買収の仲介手数料（FA手数料）としてジャイラスの株式オプション（08年9月にオプションから優先株に変更）を付与していたが、オリンパスはその優先株を10年3月に600億円で買い取った。新事業3社の700億円と合わせ、計1300億円を簿外ファンドに還流させると同時にのれん代としてバランスシートに計上することに成功した。この時、「粉飾決算」というオリンパスの長い彷徨の旅は終わりを告げたのだった。

しかし、オリンパス内部では、医療部門を中心に、山田氏が責任者の本社コーポレートセンターや森氏が主管の経営企画本部、さらに彼らが主導するベンチャー投資に対する不満が高まっていた。それが、雑誌への内部告発という形で噴出した。

事件は、ファクタの記事をきっかけに、3社やジャイラスにかかわる巨額の資金の流れを菊川社長に追及した英国人社長、マイケル・ウッドフォード氏が10月14日に解任されたことで、一気に表面化する。

ウッドフォード氏の海外メディアへの告発とオリンパス株の急落を受け、11年11月1日、東京高検検事長、最高裁判所判事などを歴任した甲斐中辰夫氏を委員長とする第三者委員会が発足し、12月6日に報告書を発表する。そこで、横尾さんらが関与者と認定されたことで、横尾さんは12月21日に家宅捜査を受け、12年2月16日、ＧＣＩの同僚の羽田氏、小野氏と一緒に逮捕されるのである。

粉飾決算の幇助、詐欺、マネーロンダリング――捏造された容疑

逮捕後、横尾さんは取り調べに対して容疑を否認し続けたが、検察が金商法違反で1度目の起訴をした3月7日、今度は、損失解消に使われた新事業3社株を群栄化学工業に譲渡し損失を与えた詐欺の容疑で警視庁に再逮捕された。3月28日は詐欺罪で追起訴される。

その後、6月7日に公判前整理手続き（公判開始前に検察と被告（弁護人）が争点や証拠を絞り込む）の予定主張記載書面で、ＬＧＴ銀行の臼井氏が横尾氏のサインを偽造して簿外ファンドに資金を回していたことや、山田氏の証言の矛盾を指摘すると、4日後の6月11日には組織犯罪処罰法違反（マネーロンダリング）の疑いで再々逮捕された。

詐欺とマネーロンダリングの容疑は、粉飾の容疑を否認し続ける横尾さんらに業を煮やした検察が、再逮捕、再々逮捕で勾留を長引かせ、精神的に圧迫することで自白させる「人質司法」

のために、持ち出した可能性が高い。これは、18年11月に金融商品取引法違反（有価証券報告書の虚偽記載）で逮捕された日産のカルロス・ゴーン会長が、中東のディーラーから不当に金品を受領したとして、会社法違反（特別背任）で再逮捕、再々逮捕された構図と全く一緒である。

そのため、一つ目の容疑である粉飾決算の幇助を本当にしたのかどうかが、ポイントとなる。

13年12月25日から始まった公判で、横尾さんの有罪を立証する立場にある検察は、横尾さんがオリンパスの簿外債務を認識していた根拠を二つ挙げた。一つ目が、横尾さんが野村證券浜松支店に勤務していた1992年1月と3月に、オリンパスの山田氏から特金で400億〜450億円の含み損があると打ち明けられたこと。その時に書いたメモが、事件発覚後の11年12月の家宅捜索で押収されたことだ。

二つ目が「横尾氏がオリンパスに簿外ファンドへの融資に使われたLGT銀行を紹介した」とする公判における山田氏の証言だ。山田氏によると、97年から98年頃、野村證券新宿野村ビル支店長だった横尾さんに会い、オリンパスに400億〜500億円の損失があることを伝えた。その上で、簿外ファンド「CFC」に資金を回すため、横尾さんに守秘の堅い外国銀行の紹介を依頼。98年の春までに、横尾さんに六本木のレストランでLGT銀行を紹介されたという。これが、横尾さんが簿外損失を知っていた証拠とされた。

15年7月1日の東京地裁での一審判決では、この2点を根拠とする検察の主張を認め、横尾氏を有罪とした。横尾さんの控訴を受けた16年9月29日の東京高裁の二審判決は、「92年に簿外損失を聞いたとしても、山田氏と再び話をする97年まで、横尾氏の認識が続いていたとはいえない」として、一つ目の根拠は否定したが、二つ目を理由に横尾さんを有罪とした（控訴を棄却した）。

二つ目の根拠については、事実、横尾さんは羽田氏と98年3月7日、六本木のレストラン「プレイバッハ」で、オリンパスの財務部門の山田氏、森氏、中塚氏の3人と、ＬＧＴ銀行の臼井氏の計6人で会食している。山田氏、森氏、中塚氏、臼井氏の4人は公判で揃って、「オリンパスはこの場で横尾氏にＬＧＴ銀行を紹介された」と証言した。

しかし、横尾さんの弁護人が、ＬＧＴ銀行の幹部の入国記録を調べたところ、同行のニップ頭取と海外担当のウォルチ取締役の2人が、六本木の会合の約3週間前の2月18日～21日に来日し、オリンパスの下山会長と面談し、口座開設のための審査をしたことが判明した。また、週刊エコノミストが報道した前述の11年11月11日付のオリンパス内部資料では、オリンパスの下山氏がその2年前の96年頃に、リヒテンシュタイン公国を訪れ、ＬＧＴ銀行のオーナーであるフィリップ皇太子に直接面会していることがわかった。

このため、東京地裁は、18年5月30日の群栄化学の民事訴訟の一審判決で、「横尾氏がＬＧＴ銀行ルートを認識したうえで、その構築に関与したと認めることはできない」と認定し、検察の主張を完全に覆した。山田氏ら4人の証言は偽証だったことが法廷の場でも認められた。

検察側の証人はなぜ偽証したのか

なぜ、偽証をしなければならなかったのか。

前述の11年のオリンパス内部資料は、オリンパスが粉飾決算を公表した11年11月8日から3日後の11月11日に、オリンパスの法律顧問の森・濱田松本法律事務所とその後任のビンガム・マカッチェン・ムラセ外国法事務弁護士事務所が合同で、森氏にヒアリングした内容を記録したものだ。この中で、森氏はフィリップ皇太子がオリンパスの簿外損失を知っていた可能性があり、「リヒテンシュタインではこれ（粉飾決算）がオープンになり、LGT銀行という名前が出て、すごく問題になっている」と述べている。

当時、オリンパスは上場を維持するため、決算を過年度に渡って修正する必要に迫られていたが、損失隠しに関する資料は全て破棄しており、LGT銀行から資料を提供してもらう必要があった。だが、リヒテンシュタイン王室が粉飾に関与したことをほのめかせば、LGT銀行の協力が得られなくなる恐れがあった。

さらに、リヒテンシュタイン王室は日本の皇室とも親交が深く、事態の推移によっては、外交問題にも発展しかねなかった。そのため、4人は口裏を合わせ、LGT銀行の責任を回避しようとした可能性が浮上する。

横尾さんは11年の粉飾決算の発覚後、GCIがGCNVとNEOの署名権者であることから、オリンパス第三者委員会の要請に応じ、LGT銀行に関連資料の取り寄せを依頼した。しかし、

【年表】横尾宣政さんの裁判の経緯

年	月日	出来事
2011年	11月8日	オリンパスが粉飾決算を公表
2012年	2月16日	金融商品取引法（有価証券報告書の虚偽記載）の共犯の疑いで逮捕
	3月7日	１度目の起訴日、群栄化学工業に対する詐欺容疑で再逮捕
	3月28日	詐欺罪で追起訴
	4月から5月	ＬＧＴ銀行の臼井康広氏の偽筆に気付く
2013年	5月13日	予定主張書面で臼井康広氏の偽筆を指摘
	6月7日	予定主張書面でオリンパス山田秀雄氏の証言の矛盾を指摘
	6月11日	組織犯罪処罰法違反（マネーロンダリング）の疑いで再々逮捕、３度目の起訴。初公判（7月17日予定）延期
	12月25日	初公判。原則として週１回、水曜日の10時～17時まで、東京地裁刑事416号法廷で開廷
2014年	1月8日	第２回公判。この回から18回まで、山田秀雄、菊川剛、森久志、中塚誠、臼井康広らが証人として出廷
	5月21日	第19回公判。この回から、新事業３社と群栄化学工業の関係者が証言
	10月7日	検察が訴因変更。群栄化学工業の有田喜一郎社長が「横尾氏が『この投資提案資料はオリンパスの役員会で承認された』と発言した」とする証言を追加
	10月9日	保釈を認められる。勾留日数は966日間（2年8カ月）
2015年	3月25日	一審が結審。公判は全36回
	7月1日	東京地裁（芦澤政治裁判長）で１審判決。懲役４年、罰金1000万円の実刑。800日が勾留期間から引かれる
2016年	3月31日	東京地裁でオリンパス民事訴訟の１審判決
	9月29日	東京高裁（井上弘通裁判長）が控訴棄却
	10月6日	最高裁に上告
2017年	6月15日	東京高裁でオリンパス民事訴訟の２審判決
2018年	5月30日	東京地裁で群栄化学民事訴訟の１審判決
2019年	1月22日	最高裁（深山卓也裁判長）が上告を棄却

数週間経っても、ＬＧＴ銀行から資料が届かなかったため、ＬＧＴ銀行に問い合わせたところ、第三者委員会から「資料はビンガムという法律事務所に届いている」と連絡が入った。ＬＧＴ銀行はオリンパスと秘密を共有していたからこそ、横尾さんに資料を送らなかったのではないか。

二つ目の詐欺と三つ目のマネーロンダリングの容疑は、検察の付け足しに過ぎないが、この二つで有罪になったことで、逮捕された7人のうち、横尾さんと羽田氏の2名だけは実刑となった。

詐欺の容疑は、群栄化学工業にオリンパスの簿外債務の事実を隠した上、新事業3社の事業計画に実現性がなかったにもかかわらず、06年2月に群栄化学に3社株への投資を持ちかけて、同年5月22日に、3社の計50株の増資を3億4855万円で引き受けさせたというもの。増資価格は、3月15日にＧＣＮＶがＮＥＯとＩＴＶから購入した時と同じものだった。

検察が押収した3社の事業計画書には、「投資提案審議資料」「増資提案資料」「増資目論見書」「プレゼンテーション資料」の四つがあり、検察はＧＣＩ側が作成に協力したものとしたが、横尾さんがチェックしたところ、これらの書類には合計で１００箇所以上の専門知識がないことによる間違いが見つかった。野村企業情報でＭ＆Ａを手がけた横尾さんと羽田氏がこのような事業計画書の作成に協力したとは考えにくく、作成者はオリンパス側と考えるのが自然だろう。

さらに、これらの事業計画書を基に、3社の増資価格の前提となる事業価値を算出したのは、旧朝日監査法人出身の井坂俊達・公認会計士であり、横尾さんらのＧＣＩではない。

また、検察の主張通り、横尾さんが3社が粉飾に使われていることを知っていたなら、なぜ、第三者の群栄化学に株式の購入を持ちかけたのか、説明がつかない。横尾さんと羽田氏は3社株の購入を日本ベンチャーキャピタルやダイキン工業にも勧めている。増資をすれば、当然、買い手から既存株主の構成を聞かれるが、そのリストに、ＮＥＯやＤＤⅡ、ＧＴなどの英ケイマン籍の簿外ファンドの名前が記載されていれば、不審に思うからだ。実際、情報誌ファクタの２０１１年10月号は、オリンパス追及第2弾として、アルティスの株主がＮＥＯやＤＤⅡであることをスクープし、この報道をきっかけに、ウッドフォード社長は菊川会長を追及していく。

公判では、横尾さんの弁護団が、横尾さんと羽田氏を詐欺罪で告発した群栄化学の有田喜一社長の発言の矛盾点を指摘すると、検察は、詐欺罪で起訴されてから2年半以上も経過した14年10月7日に訴因変更（検察官が公判中に、起訴状記載の事実を追加・変更すること）してきた。横尾さんが3社株への投資を有田氏に勧誘した際に、「『投資提案審議資料に掲載されている事業計画は、オリンパスの取締役会で承認されている』と虚偽の説明をした」という内容だ。有田氏は9月23日の公判の証人尋問で突然、この証言をした。この訴因変更が決定打になり、詐欺でも有罪となった。

元東京高裁判事で、刑事事件で30件以上の無罪判決を出してきた法学館法律事務所の木谷明弁護士は、「訴因変更には、それができる時期が限られるという『時期的限界』がある。まして、本件では、公判前整理手続きを経ている。そういう事件の最終段階でされた訴因変更請求を許可した一審判決には、訴訟手続きの法令違反があると考えるべきだ」と指摘する。

三つ目のマネーロンダリングは、粉飾決算の最終処理の見返りに、オリンパスから08年9月に12億5925万円、12月に9億3000万円を受領し、09年3月、リヒテンシュタインの財団名義のLGT銀行口座に、横尾氏が10億8494万円、羽田氏が6億5096万円、小野氏が4億3398万円振り込ませ、犯罪行為で得た収益を隠匿したというものだ。

しかし、すでに記述したように、GCIは07年7月時点でNEO、中途解約により07年9月にGCNVの運用責任者から下りている。これらの報酬は、GCIの業務を引き継いだLGT銀行のウォルチ元取締役の「ガードン社」に支払われたものだったが、LGT銀行CEOのマクシミリアン公子がウォルチ氏にその受け取りを断るように示唆したため、その資金がGCIに回ってきた。また、リヒテンシュタインの財団は、「チャリタブルトラスト」と言って、現地の富裕層が一般的に使う節税スキームであり、マネーロンダリングと関係がないことは国税庁の関係者も認めている。

最高裁は、16年9月29日の東京高裁の二審で有罪判決が出た後も、週刊エコノミストの調査報道による新証拠や、民事裁判における新証言などを受け、事件について精査を重ねた形跡がある。それを示唆するのが、横尾さんが16年10月に最高裁に上告してから、最高裁が19年1月22日に棄却するまで2年3カ月かかったことだ。最高裁が公表している16年の統計によると、刑事裁判における最高裁の1957件の上告審のうち、審理期間が2年を超えたのは、わずかに8件（0・4％）だ。最高裁で横尾さんを弁護した琴平総合法律事務所の小松正和代表弁護士、早川晧太郎パートナー弁護士は、「審理期間が2年を超えたことは、最高裁が最後の最後まで有罪を覆すかいなか吟味した証しだ」と語る。

しかし、18年11月にゴーン氏の逮捕があり、国際的に「人質司法」がクローズアップされてしまった。966日間も勾留された横尾さんを無罪にすれば、日本の司法システムに対する国際的な非難が噴出する恐れがある。そのため、「最高裁は一審、二審の有罪判決を覆そうにも、極めて難しい状況になってしまったのではないか」（小松氏）と見る。

監査法人は共犯？

最後に、監査法人の問題にも触れる必要がある。1992年1月、巨額の損失を抱えていたオリンパスの山田氏が野村證券浜松支店に電話をしてきた時に横尾さんが取ったメモには、「監査法人には決算対策の内容を詳しく説明して、必ず了解をもらう。過去の決算も常にそうしてきた」と書かれている。

99年秋には金融監督庁がパリバ証券に立ち入り検査をして、オリンパスがQPにパリバ債を売却し、286億円の損失を隠していることを把握。そのことは、オリンパスを通じて、監査法人にも伝わっていた。

オリンパスの監査法人は朝日監査法人（現あずさ監査法人）で、宇野晧三会計士が89年1月から01年6月まで、潮来克士会計士が90年7月から03年6月まで担当していた。朝日監査法人は間違いなく、オリンパスの簿外損失を知っていただろう。

オリンパスの事業計画を基に、3社の増資価格の前提となる事業価値を算定した井坂会計士も同罪である。しかし、井坂氏は刑事責任を問われることもなく、事件発覚後の13年3月、金融庁から3カ月の業務停止処分を受けただけで終わった。

元公認会計士で会計評論家の細野祐二氏は、「オリンパス事件が粉飾決算事件であったことは異論の余地がない。会計的にはかなり複雑なしかも20年の長期にわたる粉飾だ。だから、会計のプロが深く関わっていないと絶対にできない。証拠構造上、主犯はオリンパス経営陣、共犯は監査法人というのが自然だ」と話す。だが、「そうあるべき所を、会計のことを何も知らない横尾さんを引っ張ってきた。それは横尾さんが野村証券出身だから、たくさんお金が動いているから、そこを断罪するほうが国民の受けが良いからだ」と見る。

なぜ、監査法人は追及されないのか。細野さんは、「監査法人は許認可事業で検察体制の恭順側だから。検察庁、証券取引等監視委員会の天下りがしっかり常駐している」と指摘する。

今回の事件では、横尾さんらを有罪とした検察の立証はあまりにもレベルが低いし、それを認めた裁判所の姿勢にも大きな疑問が残る。日本国憲法に反する「推定有罪」を黙認し、冤罪を看過すれば、社会へのダメージは大きい。

after all, return guilty verdicts in more than 99% of the criminal cases that go to trial. The episode then fades quickly from memory.

Changing Japan's legal system for the better will depend on persistent monitoring throughout trials. Japanese prosecutors and their partners on the bench get away with abusing the system because no one is watching. Media scrutiny and heightened public awareness can put an end to their malignant mischief.

Further undermining the prosecutors' disingenuous charge of money laundering was a second fatal flaw in the charge. The prosecutors asserted that Yokoo somehow disguised the compensation, and the judges' verdict, incredibly, parrots that assertion. In fact, Yokoo had received the payment through a channel specified by Olympus's agent, and he had received the payment under his true name.

Three Olympus executives arrested in connection with the falsification of financial filings confessed immediately to the charges against them and thereby won release after 40 days of detention. Yokoo and two former associates protested their innocence and therefore remained in confinement—one of the associates for the same 966 days as Yokoo and the other for 831 days.

About the media coverage

Rigorous monitoring is essential to prevent the kind of abuse that Yokoo experienced at the hands of the legal system and to ensure consistently fair treatment under that system. The mass media have an especially important role to play in that monitoring. Media coverage of even high-profile legal cases in Japan focuses almost entirely on the beginning and the ending of the legal process.

Reporters and camera crews turn out en masse for the initial arrest and for the first court hearings, and the newspapers and air waves are abuzz with the story for a couple of weeks. The media and their viewers and readers soon lose interest, however, and move on to other stories. They return briefly for the reading of the verdict, which is inevitably "Guilty." Japanese courts, at inflated prices compensated the funds for the loss-bearing assets that they had received from Olympus. And it allowed Olympus to return the losses on its balance sheet as "goodwill" (the amount paid for an asset in excess of the asset's book value).

The case against Yokoo depended on establishing that he was aware of the scheme outlined above. It relied heavily on the assertion that Yokoo had introduced a foreign bank to facilitate the falsification. Evidence introduced in a civil case that unfolded in parallel with the criminal case refuted that assertion. That evidence consisted of an internal deposition by an Olympus vice-president. He acknowledged that Olympus senior executives had met with senior representatives of the bank long before the alleged "introduction." The court, amazingly, chose to ignore the evidence that fundamentally contradicted the prosecutors' charge.

When Yokoo persisted in asserting his innocence, the prosecutors brought the additional charge of fraud. Olympus had instructed Yokoo to sell some of the shares of the three venture companies to a third-party corporate investor and had specified the price. The president of the corporate investor had nothing to say about Yokoo or the share purchase until coached by the prosecutors. Late in Yokoo's trial, he suddenly came forward with an accusation of fraud. A member of the company's board of directors refuted crucial elements of the president's accusations. However, the court again closed its eyes to evidence that refuted the prosecutors' flimsy case.

The money-laundering charge, meanwhile, was equally flawed. Proving the charge relied on demonstrating that Yokoo had received income that arose from illegal activity. Yokoo had not knowingly abetted the falsification of financial filings, and the compensation that he had received for managing the venture fund was therefore unrelated to criminal activity.

About the charges

Yokoo managed a venture capital fund on behalf of the medical equipment and camera manufacturer Olympus Corporation. That included moving the fund's surplus cash assets about in accordance with instructions from the company. The prosecutors portrayed some of his activity as knowingly facilitating accounting fraud at Olympus. They charged Yokoo initially with helping to falsify financial filings at Olympus. When he persisted in asserting his innocence, the prosecutors punished him by leveling the additional charges of fraud and money laundering.

The charge of abetting the falsification of financial filings pertained to three companies in Olympus's venture fund. Olympus had accumulated massive losses on ill-advised financial speculation in the 1990s. It had concealed the losses by carrying the problematic assets at their original purchase price. Japan's impending adoption of new accounting standards in 2000, however, would oblige companies to recognize such losses. Olympus responded by shifting the losses off of its balance sheet to overseas funds that were controlled by the company but not included in its consolidated accounts.

Shifting the losses off of Olympus's balance sheet was a makeshift solution. The company had kept the losses hidden but couldn't make them disappear. Sooner or later, it needed to return them to its balance sheet. The schemes that it used for that purpose included manipulating the prices of three companies in the venture fund. Again, Olympus used overseas funds that it controlled but didn't include in its financial accounts. Those funds purchased shares of the three venture companies, and Olympus purchased the shares from the funds at inflated prices. Purchasing the shares from the funds authorities ultimately acceded to seven visits by Yokoo's mother on account of her advanced age, though her first visit did not occur until Yokoo had been in detention for 10 months. The correspondence reproduced in *Dear Nobumasa,* was via Yokoo's lawyer and was technically in violation of the rules.

Although the detainees' lawyers are not present during questioning by the prosecutors, the lawyers are free to visit their clients at the detention centers. Yokoo's lawyer would place the mother's letters against the glass for Yokoo to read. Similarly, Yokoo would read aloud his letters to his mother for the lawyer to transcribe. A guard was always present during the visits, but the guard would invariably pretend not to notice.

About the detention

Yokoo didn't have so much as a screen for privacy when using the toilet during his first few months in detention. The doors on the cells are one-way glass, and anyone walking past has an unobstructed view of the toilet inside. Only after Yokoo had been in detention for a few months did he get a simple screen for a modicum of privacy.

The court hearings took place weekly. For the first 10 months, Yokoo made the bus trip to the courtroom fitted with handcuffs and a rope around his waist. The ostensible reason for the physical constraints is to prevent escapes. But the all-too-obvious purpose is to wear down the will of the detainees. Those who know that they are innocent and can withstand the intimidation persist in refuting the spurious charges. They lose their income and social standing, however, while in detention. Weak spirits break down under the pressure and confess to crimes they didn't commit.

英文要旨

ミラー和空
Waku Miller
(Writer, translator)

Dear Nobumasa,
Mother-and-son correspondence through 966 days of unjust detention

Yokoo Nobumasa's appalling treatment at the hands of Japan's legal system epitomizes the evils of the nation's "hostage justice." Arrested in February 2012 on a bogus charge of abetting financial fraud, Yokoo (yoh-koh-oh) endured 966 days in detention before and during his trial. Yokoo's fortitude in coping with that treatment and the support that he received from his mother is on display in *Dear Nobumasa,*. Published in April 2020 by Gogatsu Shobo Shinsha, the book is a selection of 244 letters exchanged between mother and son.

About the letters

The Tokyo Detention House was "home" to Yokoo during the 966 days from his arrest to his eventual release on bail. Hostage justice means repeated questioning by prosecutors in the absence of defense attorneys. It also means no family visits or only extremely limited visits. In Yokoo's case, the

あとがき

横尾友佳

勾留されながら裁判に挑むのは難しい。

拘置所内ではパソコンを使うことが出来ない。指先一つで世界中の情報を何でも調べられる現代において、自由に情報を得られない状況というのは圧倒的不利である。知りたい情報を得るにも外部とのやり取りに何日も費やさなければならない。それでも欲しい情報・資料を入手できないこともある。

また、物理的な不便さも大きい。トイレと洗面所を除いて3畳1間しかない部屋に、大量の裁判資料を積み上げなければならない。当然ファイルや棚などの使用は許可されないので、壁一面に平積みするしかない。1・5メートルの高さまで積み上げた書類は非常に重い。下の方の資料を引っ張り出す事が出来ずに資料が破れる。綴り紐から外れて資料がバラバラになる。それをまた上に積み上げる。

パソコンの使用が許されないということは、自分の考えをまとめるにも全て便箋にペンで手書きするしかないということだ。腱鞘炎になると、痛みでペンを握ることが出来なくなる。それでも裁判で勝つ為には全容解明を目指してペンを走らせ続けなければならない。朝、腱鞘炎になった利き手を壁に思いきり打ち付けて感覚を麻痺させ、その隙にペンを握り、それから寝るまで片時もペンを離さない。

途中まで電卓も許可されなかった為、億単位の数値×1・25の何乗だとか、10桁×10桁といった計算に膨大な時間と紙を費やした。

いつ保釈されるのか分からず、このまま一生出られないのではないかとさえ思えてくる不安な日々。吐き気に耐えながら必死に考え続け、ようやく見つけた検察側の矛盾を指摘した途端の再々逮捕。検察側の都合で何度も延期される裁判。資料で埋め尽くされて身動きの取れない狭い部屋の中で衰えていく体力。部屋の外に出られるのは週5回30分の運動タイムと週2回10分の入浴のみ。検察に呼ばれて事情聴取される日も何時間も椅子に座らされて待ち続け、実際の聴取はほんのわずか。午前中に一分、午後に二分という日もあった。

- 情報の遮断
- 物理的な不便さ
- 精神的な苦痛

●肉体的な苦痛

このような人質司法も、裁判で公正に裁かれるのであれば些細な問題に過ぎないと父は言う。しかし、その裁判においても、父達にとって有利な証拠と、検察にとって不利な証拠は、悉(ことごと)く無視された。

最高裁から上告棄却の通知が届き、父は今までになく激しく落ち込んだ。

「逮捕された時、検察の言う通りに（やってもいない）罪を認めていれば、実刑にならず資産も殆ど取られなかっただろう」

そんな弱音を吐く父に私達家族は怒った。やってもいない罪を認めていたら、私達は一生父を許さなかっただろう。これはお金の問題ではない。プライドの問題だ。

私達は現在、面会のため月に数回、横須賀刑務支所へ通っている。手紙のやり取りが出来るようになったのは有難いが、メールや電話が当たり前のこの時代に、検閲と郵送を経る間のタイムラグは小さくない。1回30分の面会では話したいことが溢れてお互い早口でまくし立てることになる。

父は現在、再審請求中だ。逮捕から9年以上経った今も毎日、事件と裁判のことを考え続けている。日中は刑務作業に励み、空いた時間に便箋とボールペンを次々と消費する生活を送っている。外に出てきたら、裁判だけでなく、再び電子レンジ調理ビジネスにも挑戦する

祖母 鈴子（左）と父 宣政（右）

つもりらしい。一緒にビジネスを再開しようと、ずっと父のことを待ってくれている人達がいるのである。

祖母は現在、老人ホームで殆ど寝たきりの状態だ。カーテンを閉め切った部屋でテレビも点けず、家族が訪れても目を瞑ったままで、声にならない声を絞り出しながら同じ言葉を繰り返す。

「宣政はいつ帰ってくるの？」

「私はそれまで生きられないだろう」

再審請求していると、反省の色が見られないという理由で仮釈放が認められないらしい。

祖母と父が手を取り心から笑い合える日が一日も早く訪れますように……。

そして、同じ苦しみを味わう人が二度と現れませんように……。

日本の司法が変わるまで私達家族の祈りと闘いは続く。

最後に、本書に深みと広がりを与えて下さった稲留さん・和空さん、出版を実現してくださった五月書房新社の皆様、私の活動を常に支えてくれている家族・友人たち、私を励まし続けてくれる娘に、心から感謝いたします。

２０２０年４月

編者しるす

【編　者】

横尾友佳（よこお・ゆか）

横尾宣政の長女（横尾は旧姓）。1983年、東京都出身。早稲田大学第一文学部卒業。現在はフルタイム勤務の傍ら、父の支援活動に従事。2019年、父と共に日本外国特派員協会（FCCJ）にて登壇。一児の母。

【執筆者】

横尾鈴子（よこお・すずこ）……………………………………書簡

横尾宣政の母。1922年、兵庫県出身。神戸女学院卒業。神宮大会（国体の前身）で軟式テニスの西日本代表選手となる。結婚後は神姫バスで働く夫 定視を献身的に支え、夫の他界後は上京して次男 宣政家族と同居。宣政の未決勾留中、手紙を書き続けた。現在は老人ホームで暮らす。

横尾宣政（よこお・のぶまさ）…………………書簡、接見記録、最終陳述書

1954年、兵庫県出身。京都大学卒業後、野村證券に入社。98年、コンサルタント会社グローバル・カンパニーを設立。オリンパス巨額粉飾事件で粉飾の「指南役」とされ金融商品取引法違反等の容疑で2012年に逮捕される。966日（約2年8ヶ月）の未決勾留の後、最高裁まで争うも全て有罪判決を受け、本書刊行時は横須賀刑務支所にて服役中。

横尾友佳……………………………………………まえがき、注、あとがき

稲留正英（いなとめ・まさひで）……………………………………解説

1968年、東京都出身。毎日新聞出版社「週刊エコノミスト」編集部編集次長。91年学習院大学法学部卒業後、日本経済新聞社入社。編集局証券部、速報部、大阪証券部、日経QUICKニュース社などで、主に証券市場と企業財務を取材。2003年に日経新聞を退社後、ブルームバーグ通信東京支局記者などを経て、16年から現職。企業統治や経済司法などについての報道を続けている。社団法人日本証券アナリスト協会検定会員。

ミラー和空（ミラー・わくう）……………………………………英文要旨

1954年、米国生まれ、1978年に来日。企業広告の企画制作、ノンフィクションの本の翻訳などに従事。2009年に出家得度。自著には『アメリカ人禅僧、日本社会の構造に分け入る13人との対話』（講談社、2015年）がある。

宣政　元気ですか

人質司法966日を耐え抜いた母と息子の往復書簡

本体価格……一九〇〇円
発行日……二〇二〇年五月二〇日　初版第一刷発行

編　者……横尾友佳
発行者……柴田理加子
発行所……株式会社　五月書房新社
東京都港区西新橋二―八―一七
郵便番号　一〇五―〇〇〇三
電　話　〇三（六二六八）八一六一
URL　www.gssinc.jp
装幀……今東淳雄
編集／組版……片岡　力
印刷／製本……株式会社　シナノパブリッシングプレス

ISBN: 978-4-909542-28-1 C0095